它也有着中国"最难治理的河流"的名号。深受水患之困，沿线民众苦不堪言，1951年，毛泽东主席提出的"一定要把淮河修好"的号召更让它成为新中国成立后第一条全面系统治理的大河。

2018年10月6日，国务院正式批复《淮河生态经济带发展规划》，标志着淮河生态经济带建设正式上升为国家区域发展战略。与过去几十年治理淮河的思路不同，这次国务院批复的《淮河生态经济带发展规划》呈现出多个"第一"：

第一次从发展的角度来治理淮河，一改过去单纯从防汛角度治理淮河的理念。

第一次从生态保护角度出发进行流域治理，一改过去将发展和生态相对立的做法。

第一次实行五省联动全流域治理，一改过去"各个省份各自干"的模式。

第一次把水利、交通、农业、工业、商贸、旅游、文化等部门集中起来，提出综合性治理方案，一改过去"各个部门各自行"的方式。

《淮河生态经济带发展规划》是第一个从国家层面制定的全流域发展规划，第一次把淮河流域的治理和发展作为一个系统工程，充分体现了统筹协调、全面系统的规划理念。规划实施将充分发挥淮河流域独特的区位优势、天然的资源禀赋，淮河流域生态经济带也将迎来前所未有的发展机遇。立足当前国家淮河生态经济带区域发展重大战略部署推进实施，梳理剖析淮河生态经济带发展建设中的难点、热点问题，系统研究淮河生态经济带发展状况并提出应对措施和建议，为推动淮河生态经济带建设和发展提供决策支撑，具有重要理论价值和现实意义。在多年相关研究基础上，长江出版社组织策划出版《淮河生态经济带发展研究丛书》，丛书分为《淮河生态经济带总体构想研究》《淮河生态经济带发展政策保障研究》《构建淮河生态经济带现代产业体系》《淮河生态经济带现代化进程研究》《淮河生态经济带现代综合交通运输体系建设研究》《淮河生态经济带关键节点开发研究》。

　　本研究丛书由湖北工业大学长江经济带大保护研究中心主任熊文教授总负责，中南财经政法大学何雄、程广帅，湖北大学李楠，湖北省社会科学院陈思，湖北工业大学黄羽，东华理工大学曹立斌分别负责相关分册编著。丛书从淮河流域发展实际出发，以《淮河生态经济带发展规划》为指导，进行系统研究，力求做到内容全面、重点突出、分析透彻、建议中肯，实现整体研究的系统性、针对性、前瞻性以及可操作性的高度统一，以期对推动淮河流域生态经济带发展助一臂之力。

编者

本书为《淮河生态经济带发展研究丛书》中的第五册，共分八章，分别从淮河流域的综合交通运输体系发展指导思想、综合交通运输体系发展战略目标、综合交通运输通道构建、交通运输枢纽建设、内河航运发展、管道运输发展、新能源运输走廊发展、综合交通运输服务体系发展等多个方面做了系统梳理，助力淮河流域构建起能力充分、衔接顺畅、运行高效、服务优质、安全环保、内部畅通、外部通达的沿淮河流域现代综合交通运输系统。

本书由中南财经政法大学何雄、胡锦锈编著，陈丽、梅岭、余志明、吴泳沛、钱宇、余文佳等同学参与了部分编写与校稿工作。自 2020 年 6 月启动编纂工作以来，从最初的酝酿、策划、筹备，到多次研究、论证及编撰实施，全体编撰人员开展了大量的资料收集、分析、研究工作，为本书的撰写付出了辛勤的劳动和汗水。在本书编写过程中，多家权威机构的专家教授给予悉心指导和帮助，同时本书还参考和引用了国内外学者的诸多案例和文献资料，并得到了长江出版社高素质编辑出版团队的大力支持与帮助，在此一并致以最衷心的感谢！

由于时间仓促，编者水平有限，书中不足之处，敬请广大同行专家和读者批评指正。

编者

目　录

第一章　淮河流域综合交通运输体系发展指导思想

第一节　总体发展思路

交通运输是国家兴国之器、强国之基，是综合国力的重要标志。交通运输是生产要素流动的基本载体，连接生产和消费两端，是建设现代流通体系、畅通国民经济循环的基础环节和重要依托。在社会再生产过程中，流通效率和生产效率同等重要，高效的交通运输体系能够在更大范围内把生产和消费联系起来，促进财富创造。从生产端来看，完善的综合交通网络布局和安全高效的物流网络有利于优化产业布局、推动产业分工深化、提高生产组织效率，将更多的人流、物流安全顺畅地联入国内、国际经济循环。从消费端来看，统一开放的运输市场和高效便捷的运输体系有利于扩大交易范围、挖掘国内市场潜力，助力形成国内统一大市场。国内经济循环和国际经济循环都离不开高效的现代交通运输体系。随着国际经济一体化程度日益加深，全球范围内资源要素的流动速度大幅提升，交通对于国家发展的重要性更加凸显。为能更好地抓住全球经济发展机遇，世界各国不约而同地增大了对交通运输的投入，中国立足国情、着眼全局、面向未来，在十九大报告中首次明确提出"交通强国"的发展战略。

建设现代综合交通运输体系是实施"交通强国"战略的关键环节，是现代交通运输业的重要标志。习近平总书记在主持召开中央财经委员会第八次会议时强调，"要建设现代综合运输体系，形成统一开放的交通运输市场，优化完善综合运输通道布局，加强高铁货运和国际航空货运能力建设，加快形成内外联通、安全高效的物流网络"，这充分凸显了交通运输在"双循环"新发展格局构建和国民经济发展中的重要地位和作用，也为我国建设现代综合交通运输体系指明了方向。

专栏 1   **我国交通运输现状**

党的十八大以来，我国各种交通运输方式快速发展，现代综合交通运输体系建设取得重大进展。"十纵十横"综合运输大通道不断完善，交通基础设施网络加快完善，高速铁路营业里程、高速公路通车里程、城市轨道交通运营里程、沿海港口万吨级以上泊位数量均位居世界第一，天然气管网加速发展，交通运输服务保障能力显著提升。截至2019年底，全国公路总里程已达 501.25 万 km、位居世界第一，其中农村公路里程达420.05 万 km。截至 2020 年 7 月底，全国铁路营业里程达 14.14 万 km、位居世界第二，其中高铁营业里程达 3.6 万 km、稳居世界第一。交通运输作为国民经济主动脉的作用日益显现。

淮河流域地处长江流域和黄河流域之间，河道密布，水陆交通发达，自古以来便是我国重要的交通走廊，具有重要的战略地位。淮河流域与长江经济带地域相连、水系相通，向北连接着黄渤海地区，向南连接着长三角地区，毗邻发达城市，具有聚集来自四面八方的要素资源的天然优势。流域内的交通枢纽地位突出，京沪、京九、京广 3 条南北国家骨干铁路在流域内通过，著名的欧亚大陆桥——陇海铁路横贯流域北部，流域内还有晋煤南运的主要铁路干线新（乡）石（臼）铁路，以及蚌（埠）合（肥）铁路和建设中的新（沂）长（兴）铁路等。流域内公路四通八达，长深、沈海等高速公路在此交会，近几年高等级公路建设发展迅速。淮河水系（图 1-1）通航里程约 2300km，内河航运有年货运量居全国第二的南北向的京杭大运河，有东西向的淮河干流、平原各支流及下游水网区，内河航运发达。流域内有连云港、日照港和石臼港等大型海运码头，有航空港郑州、徐州、临沂、阜阳等，不仅可直达全国沿海港口，还能通往韩国、日本、新加坡等地。

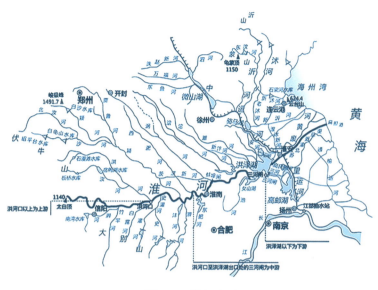

图 1-1　淮河水系

　　发展现代综合交通运输体系是实现淮河生态经济带规划目标的重要之举。事实上，在长江生态经济带、皖江城市带、中原城市群等发展战略带动下，淮河流域交通功能已由早期的贯通四方的"大通道"上升为全国化的"大枢纽"，建成淮河流域综合交通运输体系是发挥淮河流域"大枢纽"交通功能、促进沿淮地区经济一体化发展的基本条件。然而，淮河流域在现代综合交通运输体系的构建上仍有一些不足，譬如缺少绿色交通发展理念、交通基础设施存在短板、交通综合立体性尚未充分发挥作用、交通枢纽功能较弱等。在全面建成小康社会之际，淮河流域的发展迎来了重要契机，2018 年 10 月，经国务院批准，《淮河生态经济带发展规划》正式印发，淮河生态经济带发展上升为国家战略。抓住《淮河生态经济带发展规划》带来的发展机遇，充分发挥淮河流域区位优势，科学规划发展交通，完善淮河生态经济带综合交通运输体系，有利于打造我国中东部地区发展新的战略支点，培育我国经济发展新支撑带，使淮河流域经济发展"洼地"转变为发展"高地"。

　　以新时代中国特色社会主义思想为指导，全面贯彻党的十九大和十九届历次全会精神，深入贯彻党的二十大精神，特别是习近平总书记关于生态文明建设的系列重要讲话精神，坚持稳中求进工作总基调，坚持以新发展理念引领高质量发展，统筹推进"五位一体"总体布局和协调推进"四个全面"战略布局，以交通运输供给侧结构性改革为主线，坚持深化市场改革，扩大高水平开放，坚决打好防范化解重大风险、精准脱贫、污染防治三大攻坚战。统筹推进稳增长、促改革、调结构、惠民生、防风险，扎实做好"六稳"工作，着力推进淮河流域绿色发展，坚持人与自然和谐共生，推动生态文明建设向纵深发展，改善淮河流域生态环境，加快建成美丽宜居、充满活力、和谐有序的生态经济带。为推动淮河流域经济社会平稳发展、改善流域居民生产生活条件、全面建成小康社会提供坚强的交通运输保障。以推进淮河流域上中下游地区协调发展为契机，以更好地满足淮河流域经济社会发展及人民群众需求为根本目的，以构建淮河流域综合交通运输体系为主题，以转变交通运输发展方式为主线，遵循"突破区划，统筹规划；强化通道，完善枢纽；合理布局，注重衔接；绿色发展，低碳高效"的总体发展思路，加强交通运输基础设施的统筹规划，加快全局性重大交通基础设施建设，不断完善流域交通基础设施网络，建立层次分明、功能完善、布局合理、畅通高效、绿色低碳的现代综合交通运输体系，着重发挥淮河"黄金水道"、公铁水联运的优势，降低物流成本，实现能力充分、结构合理的综合运输大交通格局，提高交通运输对淮河流域经济发展的适应性和支持能力。

一、突破区划，统筹规划

基础设施作为经济社会发展的重要支撑和条件，具有战略性、基础性和先导性作用，交通基础设施既是交通运输业发展的前提，也是建设交通强国的重要组成部分，高质量打造现代交通基础设施体系，对现代化经济体系构建、加快推进交通强国建设具有重要意义。淮河生态经济带地跨江苏、山东、安徽、河南、湖北五省，各地区之间发展水平不同，交通基础设施建设存在较大差异，从整个流域来看，交通基础设施仍存在诸多短板。为建成淮河流域综合交通运输体系，沿淮各区域应突破区划，加强交通基础设施的统筹规划，加快全局性重大交通基础设施建设，不断完善流域交通基础设施网络。

　　淮河流域地跨河南、湖北、安徽、江苏和山东五省，流域面积约为27万km²，淮河干流全长约1000km，为内河航运提供了得天独厚的自然条件。根据《2019年交通运输行业发展统计公报》显示，截至2019年底，淮河水系内河航道通航里程17472km，仅次于长江水系通航里程64825km。铁路建设不断融入京沪、京广、京九铁路大动脉，节点城市间铁路密度逐渐增加；高等级公路建设发展迅速，城市内各县之间、县乡之间公路密度不断提升；机场新增、改扩建等项目稳步推进，航空吞吐量大幅增加。尽管淮河流域交通基础设施取得了巨大进展，但是交通基础设施仍然存在一些短板，集疏运体系仍有待完善。突出表现在以下几个方面：一是已建成的交通基础在网络布局上不够合理，铁路、公路、水路、航空、管道等运输方式尚未各展其长，运输方式衔接不畅，转换效率偏低；二是淮河通航能力仍有待进一步提高，高等级航道数量偏少，航道等级偏低；三是铁路建设未完全融入全国铁路网，横贯淮河流域东西的连接京沪、京九、京广铁路的铁路主动脉尚未形成，流域内铁路网密度不够；四是公路覆盖度不够广，城市之间、市区与县城、县城与乡镇之间未全部实现高速或普速；五是航空支线机场密度不够，通用机场数量偏少；六是淮河流域内各城市交通基础设施发展不平衡，差距较大，以公路货运量（万吨）为例，根据2019年《中国城市统计年鉴》显示，安徽省阜阳市，山东省临沂市、济宁市等城市在流域内排名靠前，均在30000t以上，但江苏省泰州市、宿迁市，湖北省孝感市等城市公路货运量较少，不到5000t。

　　突破区划，构建淮河流域合作发展机制。成立淮河发展办公室，从整体和全局角度协调各种资源与政策，协调沿淮各级政府，科学制定区域发展规划，并给予政策扶持，特别是在重大交通基础设施建设上予以支持。转变水利部淮河委职能，从单纯的防洪抗洪，转变为以综合发展为主，沿淮各省也要完善协调机制，建议在办公室的指导下，构建促进流域发展的多层次协调体系，如地区主要党政领导定期会晤磋商机制、淮河流域经济定期交流机制等，协调立场、统一行动，坚持全流域规划，避免地区分割。由国家交通部牵头，制定沿淮交通建设规划。

从促进流域一体化发展角度，统筹规划流域重大交通基础设施建设，补齐交通基础设施短板。目前，淮河流域铁路基础设施建设薄弱，对外交流和地区影响力有待提高。总体而言，淮河流域通南达北，但东西方向出入不便，缺少一条贯穿东西的铁路。规划建设沿淮铁路——"新的陇海铁路"，推动贯穿北纬33°铁路沿线城市的东西铁路通道：西起汉中（可以与兰渝铁路接轨直达兰州）、安康、南阳、驻马店、阜阳、蚌埠、盐城（淮安）、大丰港（江苏及盐城重点建设的万吨深水大港），形成一条平行于陇海铁路的新的欧亚通道。

规划建设沿淮高速公路和一级公路。以淮河和洪泽湖为界，在盐城、淮安、蚌埠、淮南、阜阳、信阳之间分别规划建设南沿淮高速公路和北沿淮高速公路。在淮南市、蚌埠市和淮安市之间建设一条干线一级公路，加密沿淮三市干线公路通道，服务淮河中下游"两小时公路交通经济产业带"。抓住中央大力发展内河航运的历史性战略机遇，联合河南、江苏及安徽等相关城市，共建淮河黄金水道，提升改造淮河航运能力。将淮河正阳关至淮滨段由现状的Ⅴ级航道升级为Ⅲ级航道；将正阳关蚌埠段航道升级为Ⅱ级航道；将蚌埠至洪泽湖、苏北灌溉总渠、入海水道升级为Ⅰ级航道，可通行万吨级浅吃水的肥大型江海直达船。以淮河流域开发为契机，切实加强淮河流域进出海港航道和防波堤等港口公共基础设施建设，打造淮河自身出海通道。加强淮河流域民航机场建设。以开辟新航线、开拓航空市场、发展货运业务、提升服务品质作为主线，优化民航运输资源，进一步拓展淮河流域航空运输网络，构筑以淮安涟水国际机场、盐城南洋国际机场为枢纽的淮河流域民航运输系统，逐步完善旅游地区、中心城市支线机场布局，加强机场与其他运输方式的衔接，提升流域航空运输服务水平。通过对淮河流域资源分布、产业布局、供需平衡分析，规划淮河流域七大管道运输体系。

二、强化通道，完善枢纽

淮河流域作为流域跨度大、区位优势大、开发价值大、带动作用大的中东部欠发达区域。从地理区位上来看，位于国家"两纵三横"战略布局轴上，且其南侧皖江城市带、东部江苏沿海发展带、西北中原经济区周边三大区域均已上升为国家战略，淮河流域正是连接三大区域的纽带，是三大国家战略进行结合的重要契合点；从产业分工角度来看，淮河流域无疑是长三角地区空间分工、合作和市场拓展的重要基地，沿淮地区与长三角地区空间距离较近，拥有丰富的土地、矿产等自然资源，拥有更多的低成本劳动力，具备一定的产业配套能力，有广阔的内地市场等。淮河流域通过参与泛长三角区域内部的分工与合作，能够提升区域整体实力和发展能力。另外，淮河流域内部能源、资源丰富，要发挥淮河流域煤盐碱资源的显著优势，发展新能源、新材料、现代装备制造、电子信息等，形成以新型化工业、新材料产业、现代制造业、现代服务业、现代农业为主体的现代产业体系，离不开淮河流域综合交通运输体系的形成。无论从淮河流域内部现代化产业体系构建及城镇化目标实现，还是从外部淮河流域与国内外其他地区之间经济联系紧密来看，要适应和满足未来流域经济发展格局和生产布局对交通运输的需要，应强化运输通道和交通枢纽的建设与完善。

（1）航道。打造淮河黄金水道，使淮河水运优势得到进一步发挥，形成通江达海、干支联网、港航配套、畅通高效、安全绿色、公铁水联运的大交通格局。以中央政府为投入主体，进行淮河干线航道疏浚、淮河入海水道万吨级航道整治工程，提升淮河航道等级。配套改扩建临淮港水利枢纽以及蚌埠、洪泽湖高良涧、运东、滨海等船闸，使之与干流航道相匹配。改造升级支线航道等级，提升支流通航能力，形成与淮干干支联网、通江达海的水运网络格局。推进淮安、蚌埠、淮南、淮滨、周口等内河港建设，优化沿线港口布局，以淮干为主线，各港口为珍珠，形成项链形的港口布局。将淮安、蚌埠、淮南、淮滨、周口定位为内河国际港，完善港口大通关物流体系。推进滨海 30 万吨级港口建设，建设集装箱、煤炭、油气等专业化码头，打造淮河出海门户，实施滨海港区、射阳港区、大丰港区疏港航道及西延工程，优先推进滨海港南北方向 18km 的内河疏港航道工程，实现淮河入海水道与出海港口的无缝对接，形成"一主多元"的出海格局。

（2）铁路。规划建设东西铁路通道——沿淮铁路，东起盐城大丰港，向西依次经过蚌埠、阜阳、驻马店、南阳、十堰、安康、汉中，在阳平关向西延伸接轨兰渝铁路后直达兰州，形成"新的陇海铁路"。规划建设郑州经周口至合肥快速铁路。在淮安、蚌埠之间建设城际快速铁路，并逐步向淮河上下游延伸，进而衔接京沪高铁、京广高铁，方便沿淮流域居民出行。加快亳蚌、蚌宁、徐蚌等城际线路的论证和建设。加强与周边地区的铁路网密切相连，强化信阳、蚌埠、淮安铁路运输的枢纽地位，推进濮阳至潢川铁路、信阳至六安铁路、连淮扬镇铁路、徐宿淮盐铁路、宁淮城际铁路、蚌淮城际铁路等项目建设，提升淮安、蚌埠、信阳三个核心城市对淮河流域的辐射和带动能力，进一步完善和优化淮河流域铁路路网结构，增加路网密度，扩大路网覆盖面，提高对地区经济发展的适应能力。统筹考虑其他运输方式及能源等相关行业的发展，通道布局、运力分配与公路、民航、水运、管道等规划有机衔接。

（3）公路。在盐城、淮安、蚌埠、淮南、阜阳、信阳之间分别规划建设南沿淮高速公路和北沿淮高速公路，形成沿淮高速公路通道；在淮南市、蚌埠市和淮安市之间建设一条干线一级公路，加密沿淮三市干线公路通道，服务淮河中下游"两小时公路交通经济产业带"。加快推进豫南信阳地区集中连片扶贫干线公路建设，带动当地经济社会发展。

（4）管道。研究建设沿淮盐卤、成品油、液化天然气、碱液、氢氧运输管道网络，把桐柏碱矿、淮安盐矿、滨海油气码头和海上、沿淮风电制氢氧资源输送到加工地和用户。利用上下游地势落差，东向管道输送液体，西向管道输送气体，充分发挥管道运输成本低的优势，形成布局合理的七大管道网络体系。

七大管道网络体系

滨海—淮安—蚌埠—淮南—淮滨、滨海—淮安—徐州—商丘液化天然气管道输送大通道，淮安—连云港、淮安—响水、淮安—滨海、淮安—蚌埠—淮滨盐卤水管道输送大通道，桐柏—淮滨—霍邱—寿县—淮南—蚌埠—淮安天然碱管道运输大通道，连云港—淮安—蚌埠—淮南成品油管道输送大通道，连云港—新沂—宿迁—淮安—天长成品油管道输送大通道，滨海—淮安—蚌埠—淮南—淮滨氢气管道输送大通道，滨海—淮安—蚌埠—淮南—淮滨氧气管道输送大通道。

（5）航空。加快构建淮安、盐城、蚌埠、信阳等区域国际航空运输体系，推进信阳明港机场、商丘军民联用机场、周口通用机场、固始民用机场、蚌埠（鲍集）民航机场建设，推进淮安涟水机场二期工程、盐城机场扩建工程，合理布局旅游地支线机场，开辟更多国内外新航线。

（6）枢纽。依托区位优势、产业基础和综合运输枢纽建设，健全水、铁、公、空、管五位一体无缝衔接的集疏运体系，重点将信阳、蚌埠、淮南、阜阳、滁州、淮安、淮滨、盐城打造成区域物流集散中心。发挥信阳区位和综合交通优势，加快信阳海关、口岸、保税区、商贸物流中心建设，打造全国性综合交通枢纽和物流枢纽。建设淮滨港公铁水一体化项目，实现京九铁路、沪陕高速、大广高速等与淮河干流的联运，开辟北煤南运水上通道。加快推进漯河、周口、新蔡、永城物流港建设，建成服务豫南、面向中原的区域性物流枢纽，促进干支联运，形成对淮河黄金水道强有力的支撑。发挥蚌埠区位和交通优势，积极整合物流资源，结合方邱湖行蓄洪区进行调整改造，以长淮卫临港产业园建设为基础，依托淮河水系唯一国家级内河港口——蚌埠港，加快建设蚌埠（皖北）保税物流中心（B型）、皖北徽商物流港，规划建设蚌埠综合保税区，建成服务皖北、面向淮河中上游地区的区域性综合物流枢纽。发挥淮安淮河、京杭运河、盐河等内河交汇及区域性公路、铁路枢纽优势，依托综合保税区、一类水陆口岸、商贸物流中心及环洪泽湖新兴产业带等载体，建成服务苏北、面向长三角的重要物流枢纽。利用盐城港海

港区 –15m 等深线距岸仅 3.95km 的优点，发挥港区区位、土地资源、集疏运等优势，建设 30 万吨级、年集装箱吞吐量达亿吨的深水大港，推进保税物流港区和一类口岸建设，打造面向河海联运中转平台、淮河出海门户和国际物流枢纽保税港。

三、合理布局，注重衔接

结合淮河流域资源分布、产业空间布局及城镇化发展特点，根据淮河流域在国家发展战略中的定位以及在国家综合交通运输网络中的地位，依托流域发展综合交通运输自然人文条件、基础设施现状等因素，从淮河流域发展总体需要与建设综合交通运输体系、推进流域一体化发展目标出发，规划淮河流域交通布局，合理布局交通网络，加强各种交通运输方式衔接，打造多元交通方式一体化运作、多层次交通枢纽紧密联系、多方位交通通道网络分布的综合交通运输体系，以适应和满足未来流域经济发展格局和生产力布局对交通运输的需要（表 1–1）。

表 1–1   沿淮省份综合运输枢纽布局

省份	综合运输枢纽
江苏	淮安 盐城 连云港 滨海
安徽	蚌埠 淮南 滁州
河南	信阳 潢川 淮滨

（1）合理布局交通网络。综合考虑淮河流域与既有国家及地区铁路、高速公路、水运港口、民航机场、管道运输的布局现状和规划的有机联系与衔接，构筑"一体、二翼、三圈、五线"的沿淮流域综合交通运输网络。"十三五"和未来较长的一段时期内，应加强淮河干流核心经济带的交通运输建设与发展，形成淮安、蚌埠、信阳三大核心枢纽和多个节点城市，积极发挥交通辐射作用；以淮河流域交通运输发展方式转变及运输功能结构调整为重点，着重加快淮河黄金水道建设，打造淮安内河航运枢纽与国际港，进一步加快船闸扩容、航道疏浚等工程建设，打通盐河、淮河入海水道和淮河入江水道等出海运输通道，实现淮河、京杭大运河等内河航道与"连云港港口群"及"上海港口群"的两翼对接；以效率为中心构建"信阳、蚌埠、淮安"三大地区

交通圈，形成支持该地区内外贸经济、以港口运输为主、具有区域或地区运输枢纽功能的"公铁水空管一体化"的综合交通运输体系，为淮河经济合作提供城市经济集聚与扩散条件，也为整个淮河流域地区提供经济开发与发展支撑；突出"淮河黄金水道""沿淮高速公路""沿淮铁路""沿淮管道运输""沿淮空中运输走廊"5条东西走向的高效率、低能耗、多层次的综合运输大通道的规划与建设，并通过与铁路、公路运输枢纽和大型港口、集疏运体系的有机衔接和结合而发挥运输服务功能，以便加强淮河流域经济的内在联系，提升流域综合交通运输布局的整体性。

（2）加强交通方式衔接。着力构建各种交通运输方式全面充分发展，实现优势互补和紧密衔接，具有通达能力更强、运转效率更高、运输成本更低、安全性能更好、服务体系更全、竞争能力更强、外联内畅的现代化、立体化、高速化的综合交通运输体系。应通过对淮河流域相关节点的交通区位、资源禀赋、国民经济总量、在区域经济和交通运输合作中的地位等因素的考虑，按照综合交通运输枢纽的基本特征和服务功能定位，确定淮河流域综合交通运输枢纽，健全水、铁、公三位一体无缝衔接的集疏运体系，努力将蚌埠打造成皖北物流集散中心、淮安打造成苏北物流集散中心、淮滨打造成豫南物流集散中心、盐城打造成沿海物流集散中心。

四、绿色发展，低碳高效

淮河是我国第三大河，与长江、黄河、济水在古代并称为"四渎"。淮河流域介于长江流域和黄河流域之间，位于中国中东部，地处中原腹地、南北要冲，自古是兵家必争之地。尤其到了宋代黄河夺淮入海后，复杂的地理、气候和历史原因使得"走千走万，不如淮河两岸"的鱼米之乡水灾频发，演变为历史上多灾多难的区域之一，"大雨大灾，小雨小灾，无雨旱灾"成了淮河流域的常态。另外，淮河流域是重要的农业基地，以电力、煤炭为主的工业基地，也是全国平均人口密度较大的地区之一，人口密度居中国各大流域之首，自20世纪70年代后期以来，淮河流域人口密度不断增加，由于过度开发以及大量污染物排放，淮河流域水污染和水环境问题日趋严重，淮河干、支流水环境逐渐恶化，水质污染严重，人均可用水资源正在逐渐减少，水资源短缺问题不容乐观。

专栏4　　　　　　　　　　　淮河流域环境现状

　　从2001年环保总局进行全国江河水系污染情况调查以来，淮河流域污染情况一直排在前4名，根据生态环境部通报的《2020年1-8月全国地表水、环境空气质量状况》，淮河流域水质显示为轻度污染，8月，淮河流域劣V类水质占比居七大流域之首，流域内生态赤字严重。

　　新中国成立后，党中央高度重视治淮工作，1950年政府做出《关于治理淮河的决定》，为淮河治理翻开了崭新的一页。另外，重点流域水环境治理关系到我国接近半数的省市社会经济发展，以及人民群众的生活质量，治理重点流域污染是民心所向。淮河流域作为重点流域之一，1994年国务院决定治理淮河水污染问题，淮河成为第一个依法全面综合治理的流域，作为重点治理对象，治理淮河污染被列为治理"三河""三湖"之首。70年来，在党和政府的正确领导下，治淮工作始终牢牢把握"蓄泄兼筹"四字方针，淮河流域"大雨大灾，小雨小灾，无雨旱灾，水污染"等问题有了显著改善。

　　中共十八大以来，生态文明建设在发展中的重要性越来越高，"绿水青山就是金山银山"理念已成为全党全社会的共识，"绿色"是新发展理念的重要组成部分。治理重点流域污染是建设生态文明的题中应有之义，特别是近年来，党中央和政府采取了很多政策措施。2016年10月11日，习近平总书记主持召开中央全面深化改革领导小组第二十八次会议，通过全面推行河长制，十九大报告指出"坚持人与自然和谐共生，建设生态文明是中华民族永续发展的千年大计"。2018年10月6日，《淮河生态经济带发展规划》获得国务院正式批复，淮河生态经济带建设正式上升为国家战略。

　　所谓生态经济带，是指注重生态与经济的和谐发展，在生态可持续发展的基础上追求经济发展，最终实现自然生态和人类文明和谐统一。淮河生态经济带是在"一带一路"倡议和长江经济带战略发展的基础上提出的，以经济带的模式进行国土开发和区域经济发展。规划的提出表明淮河流域生态优先地位被提到战略性高度。淮河流域作为我国第三大流域，承载着重要的生态功能，尤其是由于地理、历史等原因，淮河流域生态原本就脆弱。同时，淮河流域一直重视水患治理，轻经济发展，气候、地理位置、历史以及政策等原因导致淮河流域基础设施薄弱。分析淮河流域内城市发展数据发现，除淮安、盐城等城市外，其他城市人均GDP水平低于全国平均水平，属于经济欠发达的"洼地"，国家级贫困区连绵成片。要同时实现淮河流域生态环境保护、培育中国第三条黄金水道以及实现中东部区域经济协调发展，发挥淮河流域的重要战略地位，走"经济发展与环境保护、自然生态与人文生态的高度统一"的可持续发展生态经济之路是可行出路。因此，淮河生态经济带的提出是必然的，淮河生态经济带的顶层设计是从实际出发，充分考虑该区域的特殊性，将淮河流域的战略功能定位为生态性，从生态优先中延伸绿色发展，在绿色发展中增加人民群众的幸福感和获得感。这就是说，淮河流域的发展战略是生态优先，或者说是生态第一，生态是首位、前提性的要求，任何发展经济的举措，绝对不能以牺牲生态环境为代价。在全国区域布局战略升级的背景下，生态经济带作为未来淮河流域发展的方向，既具有可能性，也具备可行性。它使得淮河流域的历史定位发生重要变化，在淮河流域发展史上，是一个突破性的政策创新，为保障淮河流域绿色发展，推动淮河流域建设成为天蓝地绿水清、人与自然和谐共生的绿色发展带提供了重要的政策支持，为全国大河流域生态文明建设积累新经验、探索新路径。

淮河流域北部的陇海铁路有欧亚大陆桥梁之称，京杭大运河流经淮河东部，淮河干流横贯中国中东部地区，还有众多淮河支流穿过沿淮城市，而且淮河流域是沟通长三角与环渤海等发达区域的重要联结点，交通区位优势明显。在流域生态文明建设的大背景下，淮河流域作为重点流域之一，其发展尤为要重视生态，在保护流域生态的前提下完善现代综合交通运输体系，促进要素资源无障碍低成本流动，带动淮河生态经济带各产业发展，加快实现淮河流域上中下游一体化发展。沿淮各市县应突出生态优先地位，以共建生态廊道为第一要务，遵循绿色发展理念，正确把握生态保护与经济发展之间的关系，推动现代综合交通运输体系发展，支撑建成淮河流域生态文明建设示范带。

（1）以资源环境承载能力为硬性约束条件，提高沿淮资源利用效率。关注淮河流域资源环境承载能力，规范利用沿淮资源。集约利用通道岸线资源，充分利用现有资源，统筹集约利用铁路、公路、航道等交通通道资源，深入推进区域港口协同发展，促进区域航道、锚地和引航等资源共用共享，加强港口岸线使用监管，严格控制开发利用强度；提高交通基础设施用地效率，推进交通基础设施科学选线选址，因地制宜采用工程措施，主动做好环境敏感区避让、生态补偿和修复等工作，积极推进取土、弃土与造地、复垦综合施措；促进资源综合循环利用，加强交通运输领域的生产生活污水循环利用，推广污水生态处理技术，推进废旧路面、沥青、航道疏浚土、港口疏浚土等资源再生利用，推广钢结构循环利用，推动高速公路服务区、客运枢纽等开展水资源循环利用。

（2）以构建低碳交通运输体系为任务，强化节能减排和低碳发展。建设绿色循环低碳综合交通运输体系，完善交通运输基础设施及相关配套设施。优化交通运输用能结构，着力强化技术创新和政策引导，将应对气候变化的新任务、新要求纳入交通运输行业节能减排工作的整体部署中，把低碳发展作为现代交通运输业发展的重要抓手，努力提高交通运输行业低碳转型的综合能力；调整优化运输结构，合理安排铁、公、水、空、管运输种类和比例，减少公路长途货运，提高铁路、水路运输比例，大力发展内河集装箱运输，充分发挥淮河水运运输优势，促进不同运输方式各展其长、良性竞争、整体更优。

（3）以调整交通运输装备结构为主线，打造新能源交通装备。推广应用新能源、清洁能源运输装备，降低运输装备单位运输周转量能耗以及污染物排放量，提高清洁能源及新能源交通运输工具在总交通工具中的所占比重，推广交通运输设备使用CYC新型混合柴油和加氢天然气（HCNG）；推进运输装备专业化、标准化，提高内河船舶船型标准化率，严格执行船舶强制报废制度，加快淘汰高污染高耗能船舶、老旧运输船舶、单壳油轮和单壳化学品船舶，全面推进货运车型标准化、箱式化、轻量化。

（4）以环保要求为标准，防治交通运输污染。加强生态保护和污染防治，将生态环保理念贯穿于铁路、公路、航道、港口、机场等规划、设计、施工、养护全过程，严格落实好环保要求，强化船舶污染和源头防治，强化运营货车污染排放的源头管控。

第二节　发展基本原则

构建完善淮河流域现代综合交通运输体系有利于推动沿淮区域一体化发展，是支撑全面建成小康社会的客观要求。为保证综合交通运输体系建设能够支撑淮河生态经济带"三带一区"的战略定位，实现淮河流域可持续发展，在发展淮河生态经济带现代综合交通运输体系时应遵循一些基本原则：一是以人为本，科学发展；二是统筹兼顾，协调发展；三是政策引导，加快发展；四是节能减排，绿色发展。

一、以人为本，科学发展

综合交通运输体系建设，并非单纯的技术问题，而是涉及公共政策安排、社会利益统筹、政府管理协调等诸多问题。相关政策也绝非单兵独进就能达到效果，而是需要服务引导、设施支持、政策调控、技术保障等多方面对策构成"复方合剂"，不断进行调控的渐进过程。推进综合交通体系建设过程中，涉及诸多矛盾、关系和关联，需要一条主线来作为统筹各方面工作的基础，"以人为本"的原则就是这种基础。交通强国以"建设人民满意的交通"为第一内涵，其本质也表明交通建设要落脚于人们的出行需求得到高水平满足，应贯彻以人为核心的理念，从规划理念到规划方案，再到规划实施和项目运营，全周期体现以人为本、公平共享的基本原则。为全面建成小康社会，实现社会主义现代化目标，应以习近平新时代中国特色社会主义理论为指导，推进淮河流域交通运输一体化发展战略，提高交通运输公共服务均等化水平，最大限度地满足沿淮流域"人便于行、货畅其流"的要求，让交通运输发展成果惠及广大人民群众。

提高科学发展水平。一是要前瞻性规划综合交通。综合交通运输体系建设必须具有长远眼光，不能短视，要适度超前，以满足未来更长时期的需要。

在前瞻性规划时，需要突出系统化思维。建成现代综合交通运输体系是一项宏大的系统工程，综合交通运输不是一个个独立单元。从外部发展来看，它涉及与产业、人口、资源环境等要素的衔接；从内部发展来看，它涉及各种交通运输方式之间的能力建设、枢纽建设、衔接紧密、转换乘效率等，不同的交通运输方式之间，需要系统化谋划，交通运输方式在各地如何布局离不开系统化思维。另外，淮河生态经济带本身是一个巨大的经济社会系统，涵盖生态、经济、政治、文化、社会等各方面，交通作为其中的关键影响因素，要使交通能够更好地促进淮河生态经济带的发展，需要科学的系统思维和顶层设计。有序推进交通基础设施建设，完善功能布局，强化薄弱环节，确保运输能力适度超前，正确处理好需求与可能的关系，更好发挥交通先行官的作用，规划建设能力充分、衔接顺畅、运行高效、服务优质、安全环保、内部畅通、外部通达的沿淮河流域现代综合交通运输系统。二是要积极探索和应用新技术。在互联网、大数据、人工智能等新兴技术快速发展的背景下，积极探索和应用这些新兴技术，促进新技术与交通行业现实需求深度融合，推动交通发展由依靠传统要素驱动向更加注重创新要素转变。以信息更强、决策科学、管理精细、服务精准、运输高效、主动安全等为目标，强化前沿关键科技研发，从交通基础设施的设计，到交通出行信息服务的提供，要适应当前社会发展水平和人们生活习惯的变化，充分考虑出行者的个性化需求，不断推动交通运输效率提升，破解拥堵难题，减少安全事故，提升交通基础设施供给能力和品质，全面提升淮河生态经济带交通支撑能力和竞争力，满足人民美好出行的需求。

提高交通运输公共服务均等化水平。基本公共服务均等化是全面建成小康社会的重要评价标准，是以人为本的内在要求。交通运输作为一种公共服务，提高其均等化水平在全面建成小康社会伟大征程中扮演着重要角色。加快构建现代综合交通运输体系，推进淮河流域交通一体化水平，围绕"四好农村路"发展要求，稳步推进流域内城乡交通一体化，提升交通运输服务均等化水平是加快城乡统筹协调、缩小区域发展差距、实现精准扶贫脱贫的迫切需求，对于落实五大发展理念、促投资、促消费、稳增长意义重大，对于交通运输综合发展、均衡发展、健康发展意义重大，对于广大乡村地区与全国同步建成小康社会意义重大。

专栏 1　《关于交通运输领域新型基础设施建设的指导意见》中对于应用新型技术的相关论述

2020 年 8 月 6 日，交通运输部印发了《关于交通运输领域新型基础设施建设的指导意见》。该指导意见强调，以技术创新为驱动，以数字化、网络化、智能化为主线，以促进交通运输提效能、扩功能、增动能为导向，推动交通基础设施数字转型、智能升级，建设便捷顺畅、绿色集约、智能先进、安全可靠的交通运输领域新型基础设施。并提出要"打造融合高效的智慧交通基础设施，助力信息基础设施建设，完善行业创新基础设施"。这不仅指出了新型交通基础设施建设的内涵，也为交通基础设施的转型、升级、发展提供了重要思路与方式。新型交通基础设施建设布局将围绕以下几个方面展开：一是 5G 等宽带通信技术在车路协同路侧基站、综合交通枢纽系统的应用；二是北斗卫星通信在遥感测试、应急救援、运输物流等领域的应用；三是既有交通基础设施、装备的数字化转型和数字化管理平台建设，高速公路服务区新能源充电桩建设，提升交通运输公共服务属性和应急保障能力；四是建立交通大脑。布局建立不同等级、不同功能、不同需求的数据中心、运算中心和人工智能的协同服务体系，并构建交通运输关键信息基础设施的安全防护体系。交通新基建将数字化的交通基础设施和网联化的运输服务体系有机结合，能够改变传统运输的形态和方式，极大地提高资源配置的效率。

要加强城乡统筹协调，坚持因地制宜，合理确定目标，补齐城乡交通运输发展短板。要聚焦关键问题，着力破解资金投入、体制机制、政策保障等重难点问题。要加强组织领导，完善制度规范体系，强化安全监管，提升服务质量和水平，引领和支撑城乡交通协调发展，有序推进地方高速公路建设，优先建设国省干线市际未贯通路段和瓶颈路段，加快资源开发路、旅游景区路、山区扶贫路建设，实现具备条件的乡镇和建制村通沥青（水泥）路，让人民群众共享交通运输发展成果，增强交通获得感、幸福感与安全感。

二、统筹兼顾，协调发展

淮河生态经济带作为长三角和京津冀两大世界级城市群衔接地带，在融入两大城市群发展的同时，更要加快区域一体化协同发展。构建综合交通运输体系正是加快淮河流域区域经济一体化发展的必要条件，但不容忽略的是，综合交通运输体系建设涉及流域内方方面面因素，既包含综合交通运输体系内部各种运输方式之间的协调，也包含诸多与交通运输系统相关联的因素，譬如自然资源环境约束、产业布局与发展约束、城镇化发展要求等，其涉及面之广、综合性之强无疑对于统筹兼顾各方面、协调发展各种交通运输方式具有严格的要求。另一个事实是，《淮河生态经济带发展规划》中，对于淮河流域发展思路较之前有了很大变化。在淮河流域发展思路转变的带动下，对于交通运输体系建设也提出了一定的要求。在构建综合交通运输过程中，要考虑到航运、产业优势、流域内要素流通以及淮河综合发展等问题，因此，统筹兼顾、协调发展是完善淮河流域综合交通运输体系的一个重要原则。

专栏2　　　　　　　　淮河流域发展思路的转变

淮河流域发展思路的转变突出表现在以下5个方面。一是由以防洪为主变为保护开发为主，淮河生态经济带改变以蓄洪、排洪为主的传统举措，确立防洪、灌溉、航运相结合，以综合发展为主的新思路；二是洪水资源化，变水害为水利，充分考虑如何统筹水资源，将洪水资源化，在全流域合理调配水资源；三是水利与航运开发结合，变水道为航道，发挥内河航运比较优势，大力开发航运资源，使治水与航运开发同步进行；四是构建现代产业体系，变资源优势为产业优势，将沿淮河流域的得天独厚的区位、资源、产业等比较优势变为经济优势；五是扩大对外开放，变内循环为内外良性循环，打造淮河黄金水道，培育滨海国际物流枢纽，加速资源开拓、要素流通。

《淮河生态经济带发展规划》的提出，不仅成为助推淮河流域实现可持续发展和提升区域发展地位的窗口，同时也成为沟通长三角经济带、环渤海区域的重要桥梁，为中国交通发展带来新格局。应深入推进落实《淮河生态经济带发展规划》中对于交通运输的规划，推动淮河流域现代综合交通运输体系的全面建设，发挥交通的先行和基础作用。加强系统谋划、政策衔接，综合考虑与流域周边现有国家级区域规划政策间的协调配合，从整体和全局角度协调各种资源与政策，协调沿淮各级政府，科学制定区域发展规划，并给予政策扶持，特别是在重大项目安排上予以支持，共同推进航空、高铁、港口、公路等重大基础设施建设，协同推进交通基础设施互联互通，进一步推进淮河生态经济带运输服务一体化衔接、区域环保联防联治、交通政策和管理协调创新，实现从"主动脉"到"毛细血管"的全面畅通、无缝对接。

经过多年发展，沿淮各省在综合交通运输体系建设上取得了一定成绩，以沿淮省份江苏、安徽、河南为例，其铁路、公路、水运、民航等各种运输方式均有一定程度发展（表1–2）。

表1–2   2019年各种运输方式完成货物周转量情况

省份	铁路（亿 t/km）	铁路同比变化（%）	公路（亿 t/km）	公路同比变化（%）	水路（亿 t/km）	水路同比变化（%）
江苏	322.4	+8.7	2678	+5.2	6379	+4.2
安徽	724.8	+3.4	3267.6	/	6224.7	+10.5
河南	2079.8	+3.2	5299.76	/	1212.33	+18.7

注：＋表示同比增加

但整体来看，流域内缺乏交通网络体系，在淮河生态经济带规划范围内，部分公路设施等级较低，一体化的公路网络尚待优化，公路网结构性矛盾突出，流域内城市市县、县县高速公路网尚未形成，对接长三角等发达区域的省际高速公路和普通国省干线公路建设滞后；内河航道和港口建设相对滞后，淮河流域水道作用尚未充分发挥，淮河主干航道等级偏低，支线航道梗阻问题突出，受淮河蚌埠闸、京沪铁路桥制约，运力运量严重受限。港口功能不完善，作业区相对分散，缺少具有核心带动作用和一体化综合服务的大型港区，货运物流吸纳能力不强，集疏运体系尚未形成，淮河主干道一线港口资

第一章　淮河流域综合交通运输体系发展指导思想

源缺少有效的联动合作；铁路通道建设不足，铁路网络不完善，流域内部分地区仍未通达铁路，东西向干线铁路建设滞后，沿淮城市联系薄弱，部分城市站场规模偏小，铁路通道能力相对紧张；民航交通建设短板突出；各种交通运输方式衔接配合层次低、范围小，重要交通网络节点缺少综合交通枢纽，多式联运和现代物流不发达，铁水、公水、公铁、公铁水等多式物流缺乏联动整合，综合性和集约化程度不高，交通运输服务水平有待提升，综合交通体系的辐射带动和集聚效应发挥不充分。

为促进交通运输区域城乡一体化，形成综合性强、效率高、多样化的现代交通格局，应从全局上谋划全新的交通运输发展长远规划，协调各种交通运输方式，紧密衔接内外交通。围绕支撑"一带、三区、四轴、多点"联动发展，以淮河"黄金水道"为核心，构建淮河流域集公路、铁路、水运、空运于一体的多层次综合运输体系，打造成覆盖全流域的综合立体交通走廊，着力与国家主干交通网络相连通、流域内各城市之间交通无缝对接，提升交通运输能力，促进淮河上中下游资源自由流动与优化配置，形成沿河产业带和城市群，推进淮河流域经济发展。发挥水运优势，加强港口航道建设，充分利用内河航道，连通江苏出海通道，实施淮河入海水道Ⅲ级航道升级工程和灌河开发工程，消除干线航道瓶颈，大力发展集装箱运输，建设内河集装箱国际港；整合区域内空港资源，发展面向全球的"泛长三角"北翼空港经济圈，构建盐城、蚌埠、信阳等区域国际航空运输体系，研究合理布局支线机场，开辟更多国内外新航线；推进铁路网建设，规划建设连通京沪、京广、京九等骨干铁路的东西铁路干线；完善公路网络，在盐城、淮安、蚌埠、淮南、阜阳、信阳之间新建高速公路及既有高速公路的连接线，打通沿淮高速公路通道，打通断头路，延伸公路最后一公里，提升路网服务水平；统筹管网布局；强化枢纽体系，建设立体交通枢纽，完善国家级综合大通道、大枢纽建设，加快形成"公铁水空"协调发展、有机衔接的综合立体交通网络体系。

三、政策引导，加快发展

交通运输是国民经济中基础性、先导性、战略性产业，是重要的服务型行业，具有准公共产品属性，需要投入大量资源。另外，淮河生态经济带跨越我国中东部五省 40 个地级市、181 个县市，总人口为 1.8 亿，1.9 亿亩耕地，提供全国 25% 的商品粮，人口密度为全国之最。庞大的人口体量以及在我国粮食、生态等发展中的重要地位决定了政策引导在流域综合交通运输体系构建中的必要性。政策的合理引导能够提高淮河资源的利用效率，加速综合交通运输体系的发展，为淮河流域经济与社会实现跨越式发展提供新动力。淮河生态经济带发展既是国家的大事要事，更是沿淮地区各级政府的重大政治责任。《淮河生态经济带发展规划》经国务院批复，已成为淮河生态经济带建设的"总设计图"。在实施的过程中，既需要围绕《淮河生态经济带发展规划》"按图索骥"，把实施方案作为抓落实的"落脚点"，也需要争取国家和省级层面进一步加强组织推进和统筹协调，在组织领导、协调推进、政策创新等方面给予更多指导、更大力度的支持。因此，应坚持"经济发展，交通先行"的方针，从政策角度出发，充分发挥市场配置资源的决定性作用和政府宏观调控作用，一方面，加大政府宏观调控力度，进一步加快交通基础设施建设，强化政府对资源配置的宏观调控。坚持规划引领，加强资金、土地、科技等资源要素在各种运输方式和区域间、城乡间的统筹配置；另一方面，以市场为导向，充分发挥市场对运输资源配置的主导作用，积极引导和利用社会资金参与淮河流域铁路、公路、航道、港口、管道等设施建设，推进淮河流域综合交通运输市场体系加快发展，发挥交通的基础性和先导性作用，从以下几个方面着手：

（1）完善淮河流域综合交通管理体制。长期以来，除交通运输部门外，发改委、住建部、公安部等部门都涉及综合交通运输管理职责。建立综合交通管理体制机制能够为发展综合交通运输体系创造良好的外部环境，有利于各部门充分调动相关领域资源，促进沿淮地区交通资源的统一规划与利用，便于交通基础设施的共建共享。要加快建立综合运输体系建设协调机制，这其中既包括各级政府间的协调，也包括同级政府间相关部门间的协调，进一步完善综合交通管理机构设置，变政出多头为统一口径，国家层面加强对沿淮各地区交通运输管理体制改革的指导，逐步形成统一、协调、高效的综合交通运输管理体制。

（2）建立健全的综合交通规划体系。综合交通规划是综合交通运输体系建设的依据，毫无疑问，综合交通规划离不开政策的引导，通过政策引导加强交通规划顶层设计，开展综合交通运输体系规划基础理论和方法研究，理清规划编制的思路和方法，研究制定综合交通运输体系规划编制办法，并逐步建立健全的综合交通运输规划体系，能够为淮河流域综合交通运输体系建设打下坚实的基础。一方面，要加大综合交通规划推进力度，持之以恒，多措并举，根据淮河生态经济带规划提出的对于交通建设等相关项目要求制定明确的时间表、路线图，稳扎稳打、分步推进；另一方面，要考虑内部、外部等环境变化，推进技术创新等重要改革，及时调整和完善规划相关内容，使规划更具有时代性和有效性。做好顶层设计，公铁水空管各种运输方式整体规划，江海河、陆海、陆空等多式联运体系统筹布局。充分发挥各种运输方式的比较优势和组合效率，提升网络效应和规模效益。在整体推进的基础上，对共识度高、牵引作用大的项目，包括铁路、航空和过江通道建设、重要基础设施一体化整合、公共服务一体化建设等，及早着手、抓紧推进。对于中长期项目，注重多规融合，加强空间预控。

（3）完善综合交通发展政策制度体系。充分发挥政府在淮河流域开发中的作用，围绕重大项目引进和建设，提高组织化程度，加强政策制度研究与创新，形成并维护统一开放、规范有序的交通运输市场竞争秩序，提高行政效率，依法惩处逃废债务、不履行合约等破坏市场秩序的行为，严肃查处价格垄断、低价倾销和价格欺诈等不良行为，保护知识产权，着力营造公平竞争的市场环境，形成发展合力，促进综合交通一体化发展。其一，加快构建综合交通法律法规体系，研究制定综合交通法律法规体系框架，推进综合交通标准规范体系建设，修订综合交通运输发展的相关标准与规范。其二，进一步深化投融资体制改革，拓宽投融资渠道，建立淮河流域开发基金；加快对拟上市公司的引导、扶植和培育，政策上予以支持，进一步优化政府服务，减少和规范行政审批，优化服务环境；充分发挥政府财政和货币政策，采取税收减免、贴息贷款、投资补贴和加速折旧等多方面措施，积极吸引民间投资进入交通运输领域。

交通运输治理体系现状

交通运输治理体系不断完善。坚持社会主义市场经济改革方向，统一开放、竞争有序的交通运输市场体系基本形成。交通运输治理体系建设逐步健全，初步形成了由 8 部法律、65 部行政法规、300 余件部门规章以及地方性法规规章共同组成的综合交通运输法律法规体系；基本形成了由 3500 余项技术标准组成的综合交通运输标准体系；基本形成了门类齐全、层次清晰、协调统一的综合交通运输政策体系。综合交通运输管理体制机制不断完善，各种运输方式的比较优势和组合效率有效发挥。

四、节能减排，绿色发展

习近平总书记强调："要正确处理好经济发展同生态环境保护的关系，牢固树立保护生态环境就是保护生产力、改善生态环境就是发展生产力的理念，更加自觉地推动绿色发展、循环发展、低碳发展，决不以牺牲环境为代价去换取一时的经济增长。"推动生态文明建设与经济发展相互促进、相得益彰，自觉把经济发展同生态文明建设统一起来，坚决摒弃"先污染、后治理"的老路，摒弃损害甚至破坏生态环境的增长模式，坚定不移地贯彻创新、协调、绿色、开放、共享的新发展理念，把经济活动、人的行为限制在自然资源和生态环境能够承受的限度内，给自然生态留下休养生息的时间和空间，努力提供更多优质生态产品，不断满足人民日益增长的优美生态环境需要。发掘良好生态本身蕴含的经济价值，进一步创造综合效益，实现流域经济社会可持续发展。

淮河流域地处长江流域和黄河流域之间，经济发展总体相对滞后，是我国中东部最具发展潜力的地区之一，规划指出要立足淮河流域现有基础，深入贯彻落实新发展理念，推动形成人与自然和谐发展的现代化建设新格局，打造水清地绿天蓝的生态经济带。推动淮河生态经济带发展应站在长远利益角度，遵循生态优先、绿色发展思路，统筹推进流域生态环境保护和经济社会发展。在发展综合交通运输体系时，要深入践行习近平总书记"绿水青山就是金山银山"理念，以"定"求"变"，"定"就是保持生态环境的定力，"变"就是寻求绿色发展的转变。"定"是"变"的思想先导，很多时候，行动与实践上早一步，源于理念和认知上高一筹。只有坚定不移地用习近平生态文明思想武装头脑，在思想深处保持生态优先的定力，始终把保护生态环境摆在压倒性位置，不动摇、不松劲、不开口子，坚持走科学、有序、可持续发展的新路。"变"是"定"的实现路径。"绿水青山就是金山银山"的科学论断，深刻揭示了发展与保护的本质关系，更新了关于自然资源的传统认识，打破了发展与保护对立的思维束缚。保持生态优先的定力，要体现在发展方式的绿色转变上，必须要准确识变、科学应变、主动求变，把导向变成举措、理念化为行动，把"绿色 +"融入综合交通运输体系，实现保护与发展的有机统一，把生态效益更好转化为经济效益、社会效益，走出一条发展和保护协同共生的新路径。

探索交通运输领域绿色发展的新路子。推进现代综合交通运输体系建设过程中，尊重淮河流域规律，不仅要考虑经济发展的需要，更要考虑资源、环境的约束，充分考虑资源环境的承载能力，按照资源节约、环境友好的要求，坚持交通运输发展与生态环境保护相协调。必须坚持在发展中保护、在保护中发展，全面加强综合交通运输领域污染防治和生态修复，严格控制交通污染排放物总量，关注流域资源环境承载力，自觉避让生态敏感区；全力推进运输结构调整，提高综合运输效率，降低物流成本，推动更多公路货运尤其是中长距离公路货运转向铁路、水路运输，提高铁水联运占比，提高港口铁路集疏运量和集装箱多式联运运量，降低运输带给生态环境的压力；引导交通运输能源消费结构优化，提高交通领域应用新能源等技术水平，大力推进新能源、清洁能源在交通领域应用，优化交通装备结构，提高交通运输装备效率和整体能效水平；节约集约利用岸线、土地、淮河出海通道资源，科学进行交通规划，合理进行项目选址，将生态环保理念贯穿交通基础设施规划、建设、运营和维护全过程，加快推进绿色公路、绿色航道及绿色港口建设。

第二章　淮河流域综合交通运输体系发展战略目标

第一节　淮河流域综合交通运输体系发展总体目标

淮河流域面积广大，是我国南北方的重要分界，人口高度密集，行政区划众多，历史欠账不少，各地差异较大。淮河的自然条件决定了它需要走一条不同于长江、珠江的发展道路，后者可以大规模开发、深挖、走万吨巨轮，但淮河由于河流本身的客观条件，要更多地承担生态功能，承受不了这样的开发，开发成本、淮河本身的水运条件等都是难题。淮河流域曾经繁荣，但止于黄河夺淮，自那之后便水患无穷，这也使得沿淮城市在各自的省份中都属于相对落后的地区，并一度长期游离于各类国家发展战略之外，处于长三角、京津冀、中原都市圈的边缘地区。在中国特色社会主义进入新时代和生态文明建设不断向纵深推进的大背景下，置身全国、全省的大格局中系统考量，淮河生态经济带建设上升为国家战略势在必行。2018年10月，《淮河生态经济带发展规划》的批复使得推进淮河生态经济带合作发展有了顶层设计，《淮河生态经济带发展规划》成为新时代首个获国务院批复的跨省域、跨流域生态经济带发展规划。与一般的区域规划不同，它的规划范围横跨华中、华东两大区域，覆盖5个人口、经济大省，战略地位十分重要。通过规划的实施，淮河将成为中国第三条黄金水道，将来有可能成为货运量超过珠江、仅次于长江的黄金水道，淮河生态经济带将成为继长三角、珠三角、环渤海之后的第4个增长极，淮河生态经济带将成为支撑改革开放第4个十年经济发展的支撑点。

交通运输是国民经济重要的战略性产业，是交叉千行、连通万家的大产业，支撑区域战略目标的实现是构建现代综合交通运输体系的重要指向。实践证明，交通运输条件的改善可以在很大程度上帮助一个区域合理配置并吸引更多的发展资源，营造富有活力的发展环境。《淮河生态经济带发展规划》中对淮河生态经济带的战略定位可以概括为"三带一区"，即流域生态文明建设示范带、特色产业创新发展带、新型城镇化示范带、中东部合作发展先行区。无论是建设流域生态文明、构建现代产业体系，还是推进新型城镇化、加快中东部地区合作发展，都离不开综合交通体系的建设。

专栏 1 　　　《淮河生态经济带发展规划》中关于加快
淮河生态经济带建设的意义论述

> 从国家区域战略角度看，加快淮河生态经济带发展具有重大意义，《淮河生态经济带发展规划》文本用 4 个"新"作了具体的概括，具体如下：有利于推动全流域综合治理，打好污染防治攻坚战，探索大河流域生态文明建设新模式；有利于打造我国新的出海水道，全面融入"一带一路"建设，打造中东部地区开放发展新的战略支点，完善我国对外开放新格局；有利于推进产业转型升级和新旧动能转换，确保国家粮食安全，培育我国经济发展新支撑带；有利于优化城镇格局，发挥优势，推动中部地区崛起和东部地区优化发展，打赢精准脱贫攻坚战，推动形成区域协调发展的新局面。

（1）综合交通运输体系建设是建成流域生态文明示范带的必然选择。

淮河流域承载了重要的生态功能，资源环境约束性很大，交通运输是国民经济的基础部门，也是大量消耗能源和资源的行业。根据对欧美发达国家的研究，对照我国实际情况，未来一段时期内交通运输的总体能耗仍将大幅攀升，占全社会能耗比重逐步上升，对生态环境的影响也将在一定程度上显现出来。同时，如何节约和集约使用土地也成为交通发展的新挑战。作为国民经济的一个重要行业，交通必须占用一定的土地，但也要通过不断地整合和创新，进一步提高节约和集约使用土地的水平。综上所述，由于资源环境的刚性约束不断加大，对交通进一步挖掘自身、降本节约的潜力提出了新的要求。发达国家的实践表明，构建综合交通运输体系，加快综合交通运输体系建设步伐，优化公、铁、水、空、管各种运输方式结构，进一步提高铁路和水路基础设施的比重，既可以优化配置资源要素，实现各种运输方式的协调发展和综合利用；又能够以最低的经济社会成本，提高交通资源的使用效率和实现可持续利用，保证经济、社会、资源、生态环境的协调发展。

专栏2　《淮河生态经济带发展规划》对于
淮河生态经济带的战略定位论述

流域生态文明建设示范带，把淮河流域建设成为天蓝地绿水清、人与自然和谐共生的绿色发展带，为全国大河流域生态文明建设积累新经验、探索新路径；特色产业创新发展带，着力培育新技术、新产业、新业态、新模式，推动产业跨界融合发展和军民融合发展，同时要巩固提升全国重要粮食生产基地的地位，探索推进资源枯竭城市、老工业基地转型升级的有效途径，促进新旧动能转换和产业转型升级；新型城镇化示范带，增强区域中心城市综合实力，促进大中小城市、特色小镇和美丽乡村协调发展，积极推进新型城镇化综合试点，分类引导农业转移人口市民化，实现产、城、人、文融合发展，努力在宜居宜业、城乡统筹发展方面探索新模式、新路径；中东部合作发展先行区，发挥淮河水道和新亚欧大陆桥梁经济走廊纽带作用，引导资金、技术向内陆腹地转移，营造与国内外市场接轨的制度环境，加快构建全方位、多层次、宽领域的开放合作新格局，形成联动中东部、协调南北方的开放型经济带。

（2）综合交通运输体系构建能够优化资源配置，合理引导产业布局。

当前，从淮河生态经济带涉及城市整体来看，在国民经济结构中，第一产业与第二产业占比相较于全国水平来看仍然偏高，第三产业则偏低。流域内产业呈现"二、三、一"结构，第二产业占比很大，表明沿淮地区以工业为主的第二产业已粗具规模，现代服务业发展相对不足（图2-1）。针对淮河流域产业结构现状，《淮河生态经济带发展规划》中提到在加强生态环境保护的前提下，立足各地产业基础和比较优势，引导产业集中布局，深化产业分工合作，推进大众创业、万众创新，提高协同创新能力，因地制宜发展壮大特色优势产业，加快构建现代化产业体系。因此，规划时期内大力建设原材料、加工制造、化工、能源、高新技术、农产品等产业基地，逐步形成区域性产业布局和产业带，能源、原材料、机电产品、农副产品将成为地区间运输的重点，这就需要同时由水运、管道、铁路、高速公路和航空等综合交通运输体系的支持。综合交通运输体系的构建通过对各种运输方式的统筹协调能够优化重组产业供应链，进而降低物流成本以及降低产业分工合作成本等，合理引导产业布局。

专栏3　　　　　　　　　　　　物流成本

众所周知，物流成本是经济社会发展成本的主要内容之一。随着经济全球化的发展，各种产品的竞争在很大程度上演变为供应链之间的竞争，努力降低交通物流成本，将成为交通发展的重要任务之一。据测算，运输成本是物流成本中的最大组成部分，约占 50%~60%。当前，我国物流成本占 GDP 的比例约为 17%~20%，而美国为 10%~12%。

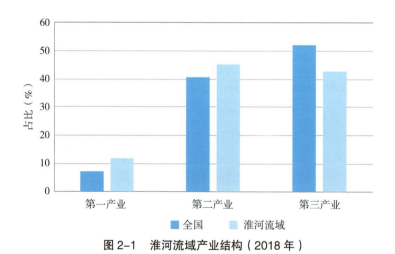

图 2-1　淮河流域产业结构（2018 年）

（3）综合交通运输体系构建能够满足日益丰富和多元化的运输需求，推动新型城镇化进程。

《淮河生态经济带发展规划》中提出要有序推进以人为核心的新型城镇化，推进农业转移人口市民化。一方面，在逐渐城市化的过程中，必将需要巨大的交通客运承载能力作为支撑；另一方面，推进以人为本的城镇化进程中，人们的需求日益丰富与多元化，在客运方面追求更加多样、舒适、便捷和安全，这些都要求我们加快形成多种运输方式有机结合、协调运转的综合交通运输体系，以满足不断增长的对交通运输的"量"和"质"两个方面的需求。

（4）综合交通运输体系的建设有利于沿淮经济一体化，促进中东部地区合作发展。

《淮河生态经济带发展规划》对淮河生态经济带未来发展进行了总体谋划、全面部署，然而打通交通壁垒、实现交通畅达是面临的"第一道难题"。当前，淮河上下游缺乏直达快速通道，蚌埠至淮安段至今没有横向铁路，甚至没有直达高速公路；淮河入海水道下游无法实现江海联运，严重制约了流域间经济、人文交流。为此，加快现代综合交通运输体系建设，不断完善航空运输体系、沿淮铁路、高速公路、运输管道网络和现代信息网络设施，主动融入长三角、珠三角和京津冀城际高速铁路网络，加快提升改造淮河航运能力，打造淮河黄金水道，以交通互联互通为重点推进区域一体化发展，促进中东部地区合作是规划战略目标实现的必经途径。

基于淮河流域在国家发展中的战略地位以及构建综合交通运输在淮河生态经济带战略定位中的重要作用，淮河流域现代综合交通运输体系须有明确的发展战略目标。从时间节点上而言，确立阶段性发展目标，确保每一阶段目标如期实现；从空间布局而言，按照布局合理、层次清晰、功能明确、发展协调的原则，构筑"一体、二翼、三圈、五线"的沿淮流域综合交通体系空间布局，最终建成能力充分、衔接顺畅、运行高效、服务优质、安全环保的内部畅通、外部通达的沿淮河流域现代综合交通运输系统。

建成现代综合交通运输体系是一项宏大的系统工程，综合交通运输不是一个个独立单元，从外部来看，它涉及与产业、人口、资源环境等要素的衔接；从内部发展来看，它涉及各种交通运输方式之间的能力建设、枢纽建设、衔接紧密、转换乘效率等。不同的交通运输方式之间，需要系统化谋划，同样的交通运输方式在各地如何布局，亦离不开系统化思维。另外，淮河生态经济带本身是一个巨大的经济社会系统，涵盖生态、经济、政治、文化、社会等各方面，交通作为其中的关键影响因素，要使交通能够更好地促进淮河生态经济带的发展，需要科学的系统思维和顶层设计。

现代综合交通运输体系建设不可能一蹴而就，立足淮河生态经济带交通整体现状以及流域内各区域交通发展现状，把握淮河生态经济带交通运输体系快速发展的黄金时期，综合考虑未来交通需求及趋势，充分掌握流域内城镇化进程、产业发展态势、资源环境状况等信息，规划各阶段综合交通体系战略目标。力争到2035年，实现淮河流域交通运输发展的总体战略目标。根据淮河生态经济带发展目标和空间发展战略，配合城镇群产业和空间布局，强调交通与土地使用相互结合，交通与经济相互适应，交通与环境相互协调，交通与社会相互促进，各种交通运输方式之间协调配合，通过淮河流域交通运输协调发展合作机制，建立区域综合交通运输基础网络、运输服务系统和统一的运输市场，积极打造淮安、蚌埠、信阳3个国家级综合交通枢纽城市，建成能力充分、衔接顺畅、运行高效、服务优质、安全环保的内部畅通、外部通达的沿淮河流域现代综合交通运输系统。

一、第一阶段：初步形成大交通格局

大交通可以归结为各种交通运输方式的整合，注重的是各种交通方式合理配置、优化、整合，使路网通行能力更大化，减少路网资源浪费。大交通格局在一个城市中的表现即为多种交通运输方式协同发展，形成对内市县乡村之间交通便捷、对外畅通高效的局面，大交通格局的形成既利于城镇化进程的推进，提高公众的交通获得感，也利于推动城市加速融入经济发展大圈中，实现经济一体化。大交通格局在流域内的表现即为流域范围内交通畅达，各城市之间、市县之间、县乡村之间换乘方便，多式联运、交通枢纽等使得物流成本较低，流域外辐射带动能力强，推动经济增长极的形成。

> **专栏4**   **蚌埠市大交通建设情况**
>
> 多年来，蚌埠市持续开展市大交通工作，从公路、水运网、铁路、航空等多个方面推动交通运输高质量发展，为蚌埠建成淮河流域中心城市和皖北地区中心城市"两个中心"提供更强有力的交通支撑。

公路方面，开工建设 G3 京台高速公路（合徐段）东海大道互通立交项目，建设蚌五高速、蚌固高速，谋划推进五河—固镇—怀远（蚌埠机场）—蒙城高速，形成"一环三纵三横一联"高速公路格局。国省道方面，开工建设 G329 长淮卫大桥至怀远段一级公路、解放南路（中环线—凤阳界），推进 G345 黄疃窑淮河大桥、沱湖快速通道、沫河口淮河大桥等项目，形成"九纵五横四联"的干线公路网，开工建设农村公路扩面延伸工程，形成了国省干线、县乡村道、水路、高速公路"多位一体"的格局。

在提振水运网方面，加快建成蚌埠港二类水运口岸，进一步发挥蚌埠（皖北）保税物流中心、蚌埠（皖北）铁路无水港两个口岸平台综合功能，开通蚌埠至连云港、上海等多条外贸航线，为蚌埠乃至皖北地区进出口企业提供更多出海选择。开工建设蚌埠闸至红山头段淮河干流 148km 航道综合整治，实现淮河航道等级"三升二"，积极谋划推进涡河航道大寺闸至入淮口整治的前期工作，推进浍河五河复线船闸、沫河口力源码头二期及固镇雁飞码头工程进度，加速形成以蚌埠中心港区为主枢纽，怀远、固镇、五河港区为依托的"一主三辅"港口体系和以淮河主通道为主，涡河、茨淮新河、浍河等为辅的"一干三支"航道网。

完善铁路网方面，蚌埠市积极推进蚌埠高铁南站综合建设，对接京沪高铁与京福高铁、合蚌客运专线，市民乘火车可直达全国 18 个省会城市和直辖市。全速推进淮海铁路、沿淮铁路和南京—蚌埠—淮北—徐州城际铁路谋划与建设，加快推进合新铁路、三洋铁路，以及蚌亳、蚌淮客运专线的项目工作。

在航空网谋划上，按照 4C 级标准建设、4D 级标准控制确定蚌埠民航机场，预计建成后近期（至 2030 年）年旅客吞吐量将达 80 万人次，年货邮吞吐量达 4000t，远期（至 2050 年）年旅客吞吐量将达 300 万人次，年货邮吞吐量达 16000t。加快发展航空快递分拨业务，通过空铁联运、布局空港产业园区等实现区域整合、交通综合、产业融合、功能复合、低碳生态等 5 个维度联动发展，为高端制造业集聚提供支撑。

要最终建成淮河流域综合交通运输体系，第一步便是打造大交通格局，2021年至2025年间，推进沿淮高速公路、沿淮管道运输、沿淮铁路、滨海港30万吨级码头、内河国际港等基础设施建设，致力于初步形成通江达海、干支联网、港航配套、畅通高效、安全绿色、公铁水联运的大交通格局，基本适应淮河流域经济合作发展需要。

推进淮河干线航道疏浚、淮河入海水道Ⅰ级航道整治工程，提升淮河干线航道等级，使淮河水运优势得到进一步发挥。在江苏段建设淮河入海水道二期工程及配套通航工程，全线扩挖，扩建建筑物，加高南北堤，按Ⅰ级航道标准建设淮河入海航道，形成下游河川式水库，同时配合扩建高良涧船闸、远东船闸、滨海船闸等工程，对水上立交进行改造。在安徽段推进引江济淮航运配套工程（江淮运河），沟通长江、淮河，形成经豫东、皖北、江淮运河进入长江的东西水运通道，完善水运网，整治淮河干流航道，按Ⅲ级标准整治三河尖至正阳关段航道101km，按Ⅱ级标准整治正阳关至红山头段航道277km，新建1000吨级临淮岗复线船闸，改造津浦铁路蚌埠桥。在河南段推进淮河干流航运建设工程，按Ⅲ级标准建设淮河干流长台关至三河尖段300km航道，新建6个港口，63个泊位，其中500吨级泊位26个，1000吨级泊位37个，设计年吞吐能力共计1900万t，其中按Ⅳ级标准建设淮河息县至淮滨段50km航道，其中500吨级泊位10个，设计年吞吐能力共计300万t。进一步拓展淮河干流上游航道覆盖面，提高通达度，延伸水运的服务范围，形成通江达海、干支联网、港航配套、船舶先进、畅通高效、安全绿色、公铁水联运的和谐航运局面。推进淮滨县公铁水一体化项目，发挥淮滨交通枢纽作用，使淮滨港的货物真正能达到通江达海的目的，充分发挥淮河资源优势。

推进沿淮高速公路建设，规划建设南北沿淮高速公路。南沿淮高速东起滨海，西至桐柏，途经淮安市、盱眙县、凤阳县、蚌埠市、淮南市、寿县、霍邱县、淮滨县、息县、信阳市等区域。北沿淮高速东起盐城，西至信阳，途经淮安市、泗洪县、五河县、蚌埠市、淮南市、颍上县、阜阳市、阜南县、淮滨县、息县等区域。

推进沿淮铁路建设，规划新陇海铁路，东起大丰区，西至兰州，途经宝应县、金湖县、盱眙县、蚌埠市、阜阳市、驻马店市、十堰市、汉中市等地区，形成与京广、京沪、京九相联通的横向铁路，打通淮河上中下游交通通道。

整合区域内航空资源，在江苏段开展淮安涟水机场改扩建工程及建设空港产业园、物流园，增设停机位，增加货机坪、通用航空机坪，增设国际货运站及相关配套设施等，加快申报一类航空口岸，建设淮安空港物流园区。在安徽段，扩建阜阳机场，新建航站楼 30000m²，新建一条联络道，扩建机坪 40000m²，延长跑道，新建货运区，改造航站区，按 4C 级标准规划建设宿州民航机场，蚌埠（鲍集）民航机场。在河南段，改扩建信阳明港机场和商丘机场。

完善管道运输基础设施，依托淮安—连云港、淮安—滨海港、淮安—蚌埠输卤管道，推进跨区域盐卤输送管道、配套建设输配体系和储备设施建设；建设泌阳—桐柏—淮滨—蚌埠—淮安—滨海港的天然碱输送管道，同步完善沿线地区天然碱储配设施；以淮安为中心枢纽，建设覆盖整个淮河生态经济带的成品油输储网络；建设平顶山叶县地下储气库，西气东输二线平泰支干线禹州至漯河天然气支线工程、西气东输天然气信阳支线工程；建设一批天然气区域干网、支线管网工程及配套储气调峰设施，研究规划建设徐州—皖北等跨区域天然气管道；规划发展海上风电和沿淮低风速风电非并网直接制氢、氧产业，加强氢气、氧气输送管道建设；建设日照—仪征原油管道复线连云港支线、中石化新粤浙管线豫鲁支线。

二、第二阶段：实现流域交通一体化发展

交通运输对经济发展具有积极的促进作用。著名的经济学家韦伯认为"运输费用、劳动力成本和生产集聚力是工业区位选址的主要影响因素，其中交通运输系统起着至关重要的作用"。德国地理学家克里斯泰勒也说"对于中心地区提供的服务和货物的需求会随着距离的增加而减少，因为交通费用随着距离的增大而增加，所以随着距离的增加会出现对于中心市场需求为零的区域"。便捷的交通运输系统能够有效地改善当地企业的生产条件，全面降低生产成本，增加区域经济的吸引力，增加企业与周边地区之间的联系，为加速地区间、跨地区间的交流创造条件。以公路建设为例，公路交通建设能

够有效带动区域相关产业发展，道路基础设施的完备又能刺激当地企业及居民的消费。

诚然，交通对经济有重要作用，但前提条件是完善的物流体系、客运系统的建立，要素能够自由流动，区域间物流成本较低，孤立分散、未成体系的交通对于经济发展的促进作用微乎其微，只有当区域内大交通格局初步形成，各种交通运输方式之间能够协调配合，综合交通枢纽基本建立，区域之间交通一体化条件具备，才能确保客运、货运高效便捷。因此，当区域之间大交通格局初步形成后，应注重完善区域综合交通运输枢纽，充分发挥各种交通运输方式的优势，使各种运输方式相互协调配合，共同推动区域交通一体化进程，进而使交通与区域产业布局、市场需求和经济发展相适应。

淮河流域地跨湖北、河南、安徽、江苏、山东五省，根据《淮河生态经济带发展规划》中对于流域经济发展的要求，实现经济发展一体化，其重要的前提条件就是要实现交通一体化。在 2020 年至 2025 年流域大交通格局初步形成的基础上，再利用五年的时间，即在 2026 年至 2030 年，以沿淮城市和重要港区为枢纽，加快建设流域内综合交通运输枢纽，加快推进淮河流域交通运输一体化发展战略进程，打造以水路、国家高速公路、铁路为骨干，与民航和管道共同组成覆盖全流域的综合交通网络，促进多种运输方式衔接有序、相互配套、互为补充，发挥运输整体优势和集约效能，打造有区域整体特征、畅通、高效、平安、绿色的现代综合交通运输体系，实现交通运输与流域经济发展相互适应，使交通运输成为配合淮河流域产业布局、市场需求和经济发展的重要力量，推动淮河流域经济合作向纵深层次发展。

针对淮安具有东联西接、南下北上的中心区位优势，建设淮安综合交通运输枢纽。紧抓沿海开发战略机遇，构筑与国际化港口联系的"公铁水"立体交通，服务淮安经济可持续发展，在更大范围内实现淮安与皖北地区、环渤海湾地区、中原地区等区域的交通对接，努力将淮安打造成公路运输枢纽、内河航运枢纽和铁路运输枢纽；流域内的蚌埠—淮南作为淮河干流的重要节点城市，拥有全国性内河港口蚌埠港、京沪高铁、六条高速公路和机场的综合交通优势，将蚌埠打造成华东地区的重要综合交通枢纽；京广、京九铁路和 106、107 国道以及京珠高速、大广高速公路纵贯南北，宁西铁路、312 国道和沪陕高速公路横穿东西，在境内形成多个十字交叉，具有交通区位优势，把信阳打造成通南达北、承东启西的全国性综合交通运输枢纽。

专栏5　　　　　　　　**淮安综合交通运输枢纽**

多年来，淮安一直坚持目标导向、需求导向、问题导向，奋力补齐交通基础设施建设短板，切实夯牢淮安交通枢纽支撑、放大交通区位优势。紧抓国家和省重大战略对淮安枢纽定位的机遇，在全国公路运输枢纽的基础上，着力打造航空货运、高铁客货、内河航运等三大体系，进一步降低物流成本、提高交通运行效率，切实推动淮安交通区位优势转化为经济社会发展优势。

打造航空货运枢纽，构建通达京津冀、珠三角、成渝等国内主要城市群的货运骨干航线，机场年货邮吞吐量达 25 万 t，更好地服务外向型经济发展。加强与宝能集团、中通快递等电商、物流、快递企业合作，大力招引货运航空公司，推动空港经济区与机场联动发展；打造高铁客货枢纽，不断完善高铁东站综合客运枢纽功能，积极打造成长三角地区示范工程，探索"空高联运"新模式，建设辐射苏北、联通全国的高铁快运分拨中心；建成金湖、洪泽铁路综合客运枢纽，加快构建集铁路客运、公路客运、市内公共交通为一体的综合客运枢纽；打造内河航运枢纽，争取将淮安港综合定位上升为国家主要内河港口。完善"通江达海"干线航道网络，建成淮河入海水道Ⅱ级航道工程、金宝航道整治工程，争取开工建设张福河航道整治工程，进一步提升港口建设经营规模化、专业化、集约化和机械化水平，深入谋划海铁联运，建成淮安新港等多式联运示范工程，加强与上海港、连云港港等沿海港口集团的资本合作，大力发展内河集装箱运输。

三、第三阶段：实现交通与外部环境和谐发展

综合交通系统涉及多个方面，可分为内部环境和外部环境，内部环境包

括各种交通运输方式之间的竞合关系，一方面，不同运输方式在相同起讫点、相同方向上的运输是一种替代关系；另一方面，由于运输工具的限制，一项运输活动必须由两种以上运输方式完成，这时，它们之间又是一种合作关系。在经济和社会快速发展的今天，通过多种运输方式共同运作来完成一项完整的运输活动是交通运输的主要特征。从经济学角度看，一个国家或地区的综合交通运输发展应当满足资源优化配置的原则，即各种交通资源能够最大程度发挥其效益，同时，也能够为经济和社会发展提供必要的运输保障，满足城市交通运输、城际交通运输、城乡交通运输和国际交通运输。外部环境包括资源的消耗、环境的污染、产业集群与经济一体化等因素。当综合交通运输体系形成内部一体化程度较高、外部与资源环境社会经济等各方面协调发展时，才能够实现综合交通运输体系可持续发展，充分发挥交通对外强化辐射、对内促进区域协调的功能。

淮河流域综合交通运输体系战略目标的实现离不开交通内部一体化及交通与外部环境的协调发展，在交通内部一体化程度不断发展的基础上，再利用五年的时间，力争到 2035 年，实现交通与外部环境的和谐发展，交通适应沿淮生态资源、能源等的约束，对于环境而言十分友好，能够支撑淮河流域产业集群及经济一体化走廊建设，加速淮河流域经济板块的深度融合（表 2-1）。

表 2-1　　　　　　　淮河流域综合交通运输体系建设阶段性目标

时间段	阶段性目标	主要任务
2021—2025	初步形成大交通格局	完善交通基础设施，包括铁路运输、水路运输、公路运输、航空运输、管道运输等基础设施
2026—2030	实现流域交通一体化发展	完善综合交通运输枢纽，形成覆盖全流域的综合交通运输网络
2031—2035	实现交通与外部环境和谐发展	发展绿色交通，完善淮河综合交通运输走廊，促进交通与经济的深度融合

大交通格局初步形成以及综合交通枢纽的完善，搭建了综合交通运输体系的"骨架"，有利于完成交通体系建设的根本任务，交通的发展是处于资源环境经济大系统内，其发展必然会受到资源环境经济条件的约束，当交通发展到高级阶段时，能够和资源环境经济系统和谐发展是一种理想的状态。

研究相关发达区域综合交通运输体系的构建过程,发现均遵循先搭建"骨架",后实现交通与外部环境的和谐发展,现代综合交通运输体系建设受益于外部环境,也反哺外部环境,达到相辅相成的效果,支撑发展现代化进程。因此,要实现淮河生态经济带战略目标,在流域内交通一体化格局形成的基础上,要更加注重流域内相关资源的利用,提高交通所需资源利用效率,提高新能源利用比例,减少对环境的污染程度,要注重交通在产业布局上的作用,充分发挥交通的产业结构优化效应。这一阶段的主要任务是:优化交通运输结构。根据流域内产业布局特点、产业发展态势、资源环境等条件,调整优化各种交通运输方式间的结构;优化交通能源结构。提高新能源在交通能源中的占比,建成淮河新能源运输走廊;完善淮河流域综合交通运输走廊,促进流域经济一体化发展,促进淮河生态经济带经济与发达地区深度融合发展。

专栏6　　综合交通运输发展的三个阶段

　　综合交通运输的发展大致可分为三个阶段,即初级阶段、中级阶段和高级阶段。在初级阶段是不同交通运输方式各自独立发展并初步形成综合交通运输体系的阶段。这个阶段中,各种运输方式寻求自身的快速发展,客观上形成了服务经济发展的不同运输方式的组合体。中级阶段是不同运输方式已经达到相当规模,它们之间在基础设施、管理运作等方面能够有效连接(硬连接和软连接),并实现高效一体化运输的阶段;而在高级阶段,综合交通运输不仅实现了不同运输方式的高效衔接和有效的一体化合作,而且与环境保护、能源利用率、土地资源利用率等方面相互协调,实现了交通运输与社会经济的良好互动与和谐发展。

第二节　淮河流域综合交通运输体系空间布局

　　第二章第一节主要从时间的角度来分析综合交通运输体系发展战略目标,分三个阶段对于综合交通运输体系构建提出了明确的目标与主要任务。对于淮河流域综合交通运输体系的战略目标的确立还可以从空间布局角度来进行，空间布局是指交通运输生产的空间分布与组合，即公路、铁路、水路、航空、管道等各种运输方式的线路和站点组成的交通运输网与客货流的地理分布，社会物质资料的生产方式决定着生产的发展与布局的特点，亦决定交通运输布局的特点。空间布局要遵循以下几个原则：一是适应区域经济发展原则。与工业布局、农业布局和人口分布相适应，科学预测客货流量、流向，使交通运输空间分布、运输方向等适应经济发展，要有一定的前瞻性，既要避免因标准过高，造成积压和浪费，也要防止因标准过低，造成再改造的浪费。二是因地制宜原则。交通运输线网以及车站、港口码头、机场、枢纽等设施的建筑，都在不同程度上受到自然条件的影响。因此，自然条件对交通运输布局有一定的限制作用，应根据各种运输方式的特性和有关线路、航道、港口、车站、机场的不同要求，因地制宜地选择布局方案，一般包括交通运输方式选择要因地制宜，线路和港、站、机场等选址要因地制宜，交通路线的标准、投资及运营规模要因地制宜。三是全面发展和综合利用各种运输方式。使点（站、港、场）、线（线路、航道、管道）相协调，逐步建立综合运输网，形成系统的综合运输能力。要结合各地区具体条件实行合理分工，以充分发挥各种运输方式的优势，形成合理的交通运输结构，合理布局综合运输网的各种交通线以及不同运输方式连接的运输枢纽的布局，使综合运输网内的干线、支线、长途、短途相互衔接畅通。四是与城市规划相结合，尽量少占土地原则，安排交通线路布局和站、港、场的选址时要与城市建设规划相结合，在现有交通线和运输设施的改造中也要照顾城市的建设和发展。按照布局的原则，综合分析各种交通运输方式的技术经济指标和适用范围，在合理确定交通运输需求量的基础上，结合具体地区的交通运输方式的构成和运输网层次、密度的现状和历史状况，确定合理的交通运输结构，制定合理的布局。

淮河流域地跨我国中东部，同时是南北方的分界线，区域之间经济发展水平、资源禀赋、环境容量等条件差别较大，要实现流域交通一体化发展的总体战略目标，需要充分了解淮河各区域间交通状况、资源环境情况、经济发展等基本信息，以科学预测各区域之间及流域整体交通需求与交通最大供给能力，根据交通需求与资源环境等客观因素限制下的交通最大供给能力，遵循科学的原则（表2-2），制定出淮河流域综合交通运输体系空间布局目标。

表 2-2   淮河流域综合交通运输体系空间布局遵循原则

相关原则	内涵
布局合理	交通空间布局科学，保证各种线路畅通、便捷、高效，与资源、环境、经济技术、相关城市、区域规划等相适应
层次清晰	形成流域整体干线大交通、内部区域或地区局部综合交通枢纽的网络体系，科学确定流域内核心枢纽城市、节点城市、其他城市的交通地位
功能明确	从整体利益最大化角度，合理制定各区域在综合交通运输体系中承担的运输任务，明确各地区的交通功能
发展协调	各种交通运输方式能够充分发挥自身优势，交通枢纽城市与其他城市间交通相互配合，共同推动交通发展，使交通运输产生最大化效益

《淮河生态经济带发展规划》中，对于淮河生态经济带提出了明确的空间布局，从这个空间布局目标中可以清晰地看出，整个流域内的发展是以淮河干流为核心发展轴，在流域内东部、北部、中西部地区构建经济发展圈，发挥淮安、盐城区域中心城市的引领作用，着力提升徐州区域中心城市辐射带动能力，发挥连云港新亚欧大陆桥经济走廊东方起点和陆海交汇枢纽作用，发挥蚌埠、信阳、阜阳区域中心城市的辐射带动作用，依托 4 条发展轴，向南对接长三角城市群、长江中游城市群、皖江城市带，向北对接京津冀地区、中原城市群，着力吸引人口、产业聚集，辐射带动苏北、皖北、豫东、鲁南、鄂东北等区域发展。加强区域中心城市之外的城市与中心城市的经济联系与互动，发挥对淮河生态经济带发展的多点支撑作用，增强对周边地区发展的辐射带动能力。

专栏 1　　《淮河生态经济带发展规划》中对于
　　　　　淮河生态经济带的空间布局目标的论述

　　即构建"淮河干流绿色发展带""东部海江河湖联动区、北部淮海经济区、中西部内陆崛起区""临沂—连云港—宿迁—淮安—盐城—扬州—泰州发展轴、漯河—驻马店—信阳发展轴、菏泽—商丘—亳州—阜阳—六安发展轴、济宁—枣庄—徐州—淮北—宿州—蚌埠—淮南—滁州发展轴""区域中心城市之外的其他城市"这"一带三区四轴多节点"的目标。

对标该空间布局目标，综合交通运输体系空间布局也应紧紧围绕淮河干流这一核心发展轴，依托核心城市淮安、蚌埠、信阳以及盐城、连云港、阜阳等节点城市，构建局部地区交通圈，依托4条发展轴，打造联通淮河流域内外的交通通道，充分发挥流域四通八达的交通资源优势，构筑"一体、二翼、三圈、五线"的沿淮流域综合交通体系的空间布局，促进流域交通一体化。

一、强化"一体"

从《淮河生态经济带发展规划》中可以看出，淮河流域核心经济带的重心在淮安、蚌埠、信阳及主要节点城市，通过核心城市及主要节点城市逐步带动全流域经济发展。一方面，这些城市在淮河生态经济带中，既有经济规模较大，同时有较强劲的发展潜力，以核心城市蚌埠市为例，2019年，蚌埠市全年地区生产总值（GDP）2057.17亿元，按可比价格计算，比上年增长5.1%；全年粮食产量282.13万t，增长1.8%；全年规模以上工业增加值增长4.9%；全年固定资产投资比上年增长6.8%；全年社会消费品零售总额908.35亿元，比上年增长10.3%；全年进出口总额15.83亿美元，比上年增长7.2%。决定了在未来较长的一段时期内，对于交通的需求水平仍将不断提高。另一方面，这些城市位于沿淮河上、中、下游，具有发展内河航运的地理优势，且位于国家骨干铁路大动脉京沪、京九、京广等交通节点上，能够实现与国家交通干线相连通，充分融入国家大交通体系中。要实现淮河流域综合交通运输体系，沿淮河核心城市及主要节点城市交通就是综合交通体系中的"牛鼻子"，提高淮河生态经济带干线上的城市及相关节点城市交通运输水平，能够起到牵引整个淮河流域交通发展的作用。不仅对加强淮河上、中、下游交通联系、促进上、中、下游经济一体化有作用，而且对淮河流域交通融入国家骨干交通，促使淮河生态经济带发展战略与江苏沿海地区发展战略、长三角区域发展战略、皖江城市带发展战略、中原经济区发展等国家发展战略实现有效衔接，充分发挥淮河流域的区位优势，加速淮河流域融入国家大发展战略中有突出作用，成为我国经济第四增长极。

因此，要建成淮河生态经济带综合交通运输体系，首先要抓住淮河生态经济带综合交通运输体系建设的"牛鼻子"——淮河干流核心经济带交通，需要不断提高沿淮流域城市交通运输发展水平。进一步加强淮河干流核心经济带的交通运输建设与发展，形成淮安、蚌埠、信阳三大综合交通核心枢纽和盐城、连云港等多个交通节点城市，积极发挥核心经济带交通辐射作用。

交通枢纽作为连接各类要素最紧密的纽带，是人才、信息、资金、技术等高流动性经济要素的关键配置点，对地区经济发展具有决定性、基础性作用。纵观国内外枢纽经济发展的路线图，以强化综合交通体系建设、打造一体化综合交通枢纽为突破口，推动枢纽经济发展已成共识。美国孟菲斯发挥航空货物集散分拨中心的优势，大力发展空港枢纽经济，成了区域经济发展的重要增长极；陕西省加快建设以西安市为核心的国际航空枢纽、"米字形"高铁网和高速公路网，加快打造国际陆港，枢纽经济蓬勃兴起；成都市加快构建国际铁路港、国际航空港、陆上物流服务网络、航空物流服务网络、航空客运服务网络"两港三网"，正在成为内陆枢纽经济崛起的代表。

专栏2 **全国综合交通枢纽城市**

枢纽类型	代表城市	功能定位
国际性综合交通枢纽	北京、天津、上海、广州、深圳、成都、重庆、昆明、乌鲁木齐、哈尔滨、西安、郑州、武汉、大连、厦门等	通达全球、衔接高效、功能完善的交通中枢
全国性综合交通枢纽	长春、沈阳、石家庄、青岛、济南、南京、合肥、杭州、宁波、福州、海口、太原、长沙、南昌、九江、贵阳、南宁、兰州、呼和浩特、银川、西宁、拉萨、秦皇岛、唐山、连云港、徐州、湛江、大同、烟台、潍坊、齐齐哈尔、吉林、营口、邯郸、包头、通辽、榆林、宝鸡、泉州、喀什、库尔勒、赣州、上饶、蚌埠、芜湖、洛阳、商丘、无锡、温州、金华、义乌、宜昌、襄阳、岳阳、怀化、泸州、宜宾、攀枝花、酒泉、嘉峪关、格尔木、大理、曲靖、遵义、桂林、柳州、汕头、三亚	促进各种运输方式协调高效，扩大辐射范围
区域性综合交通枢纽及口岸枢纽	丹东、珲春、绥芬河、黑河、满洲里、二连浩特、甘其毛都、策克、巴克图、吉木乃、阿拉山口、霍尔果斯、吐尔尕特、红其拉甫、樟木、亚东、瑞丽、磨憨、河口、龙邦、凭祥、东兴等	提升对周边的辐射带动能力，加强对综合运输大通道和全国性综合交通枢纽的支撑

参照国内外区域经济体交通发展路线，于淮河生态经济带而言，要支持淮河流域核心经济带的各级枢纽和各种运输方式大发展，提高淮河流域交通

运输网络质量，构筑淮河流域综合运输一体化网络框架，全面提高经济带核心城市的交通运输的机动性和通达性，为流域经济合作提供支撑能力。具体来讲，支持核心经济带铁路、公路、水运、航空、管道等运输方式协调发展。结合上位规划，合理定位流域城市在综合交通运输体系中的作用，提升连云港、徐州等国家综合枢纽的功能，优化提升部分国际化服务质量；推进蚌埠市国家级综合交通枢纽建设，分别打造国家综合交通枢纽以及区域交通枢纽，优化中转设施和集疏运网络，促进各种运输方式协调高效运行，扩大辐射范围；推进信阳、淮安等区域性综合枢纽建设，提升区域辐射带动能力。

二、衔接"两翼"

淮河生态经济带贯通黄淮平原、连接中东部，通江达海，与长江经济带地域相连、水系相通，京沪、京九、京广、陇海等国家骨干铁路和长深、沈海等高速公路在此交会，淮河水系通航里程约 2300km，京杭大运河、淮河干流及主要支流航运较为发达。淮河因其优良的天然条件，航运资源优势得天独厚。作为重要的省际运输通道和桥梁，淮河在协调推动流域统筹发展方面发挥着重要作用。经多年的规划和建设，淮河航运条件日趋完善，港口运输服务能力提高，港口群体系逐步形成，运量逐年增长，表 2-3 列出了淮河流域主要港口 2019 年一月份的货物吞吐量情况，目前，淮河水运已具备"通江达海"条件。而且淮河与长江、珠江、黄河等同为我国大江大河，珠江、长江流域经济发达，淮河、黄河流域经济落后，特别是淮河流域一直处于经济发展的洼地。目前，长三角、珠三角、环渤海经济圈已成为拉动我国经济快速增长的重要引擎，这三大经济增长极依托于区域发达的航运网络及集疏运体系，为改革开放四十余年的快速发展做出了巨大贡献，在目前国家主体功能区的规划中，长江、珠江、环渤海经济圈已进入优化发展阶段，而淮河水运资源尚未得到开发，淮河面临着建设国家第三条出海黄金水道的重要机遇。

表 2-3   淮河流域主要港口 2019 年一月份的货物吞吐量

淮河流域段	港口名称	吞吐量（万 t）
安徽淮河流域	蚌埠港	150
	淮南港	46
	阜阳港	92
江苏淮河流域	泰州港	2286
	扬州港	787
	淮安港	474
	徐州港	257
	宿迁港	109
河南淮河流域	淮滨港	—
	固始港	—
山东淮河流域	济宁港	394
	枣庄港	136

注：数据资料根据中国港口网整理

内河运输具备运量大、运距长、能耗小、运输成本低、投资少、效益好、占地少等一系列优点，抓好《淮河生态经济带发展规划》带来的交通发展机遇，充分发挥淮河的通航能力和运输能力，把淮河航道打造成为中国真正的第三条黄金航道有利于沿淮城市实现快速发展，有利于淮河流域区域充分融入长江三角洲等发达区域中，更好促进区域一体化发展。但是，当前淮河航运发展仍存在一些障碍，例如航道等级和通航能力偏低，运输效率低，港口、码头建设滞后，联运能力差等。淮河由于没有自己的出海港口，缺少与上海港、连云港港等长三角港口群之间的对接联系，沿淮河南、安徽等省份的内陆货物无法直接出海，流域内经济发展无法形成内部循环，外向型经济比重小，整体对外开放层次低。

打造淮河入海航道、培育出海门户将直接解决淮河流域内大宗货物无法直接进出的问题。淮河入海水道航道的建设可以连通内陆与江苏沿海滨海港、连云港港等，打造淮河两岸物流产业、商贸、服务业和新兴产业聚集高地，激发内陆经济新活力的"出海口"，为中原经济区、皖江城市带开辟一个全球化发展的出海通道，从而加速资源开拓、要素流通，形成外引内联、互动发展的良好态势。

专栏3　　　　　　　　　**长三角港口群**

　　长三角港口群有8个沿海主要港口、26个内河港口，以上海、宁波、连云港为主，包括舟山、温州、南京、镇江、南通、苏州等沿海和长江下游港口，是中国港口密度最大的地区之一。

　　鉴于长三角南部有宁波港、北仑港、洋山港、舟山港，北部有连云港港、洋口港，长三角港口群在组织形态上正在逐步形成"以上海港为中心、以宁波—舟山港为南翼、以洋口港为北翼、以长江诸港为纵深"的港口群空间发展格局，并由此形成了依托组合港的港口群系统。各港口在发挥自身优势的基础上，在港口之间构建新的竞合模式。上海港注重与长江中上游港口开展合作，延伸港口腹地（即"长江战略"）；南翼的宁波—舟山港注重建立"浙江港口联盟"，以浙江为辐射腹地；洋口港注重与上海港形成组合港。该地区还成立了上海组合港管理委员会办公室，具体统一协调长三角地区港口规划和集装箱码头规划，推进港口分工与合作。

　　因此，要着重打造淮河入海航道，打造出海口、入海门户，形成以盐城港滨海港区为核心的出海门户港口群。依托大型水利工程和航道整治工程，进一步加快船闸扩容、航道疏浚等工程建设，最大限度地开发建设淮河上游干流及主要支流沙颍河、涡河、窑河、沱浍河、洪河、潢河、史灌河的航运潜能，分段建设淮河高等级航道和深水港口，推进流域漯河、周口、商丘、新蔡、淮滨、固始、淮安、蚌埠、淮南等主要内河港口建设与内河集装箱运输发展，打造淮安内河航运枢纽与国际港，打通盐河、淮河入海水道和淮河入江水道等出海运输通道，实现淮河、京杭大运河等内河航道与"连云港港口群"及"上海港口群"的两翼对接，扩大淮河黄金水道对豫苏皖的辐射范围。

三、构筑"三圈"

　　淮河干流核心经济带交通的发展能够从流域全局角度搭建交通骨架，满足沿淮河流域交通的基本需求，但是要实现淮河生态经济带中各市县的发展，还要从营造流域城市群交通运输发展"小气候"的角度，以效率为中心构建"信阳、蚌埠、淮安"三大地区交通圈，将核心城市周边相关区域纳入交通圈中来，形成支持该地区内外贸经济、以港口运输为主、具有区域或地区运输枢纽功能的"公铁水空管一体化"的综合交通运输体系，为淮河经济合作提供城市经济集聚与扩散条件，也为整个淮河流域地区提供经济开发与发展支撑。

作为淮河上游的重要中心城市，京广铁路、京九铁路、京广高铁和G106、G107、G220、G230国道与京港澳高速、大广高速、淮固高速公路纵贯信阳市境南北，宁西铁路、G312、G328国道和沪陕高速、淮内高速公路横穿信阳市境东西，在信阳形成多重"十字"交叉，淮滨饮马港以下淮河航道可通江达海，信阳明港机场与全国13个大中型城市实现直线互通，具有发展陆、水、空立体交通运输网络体系的交通优势。根据信阳市"十三五"规划，提出的"一市一区三枢纽"规划目标，一市是指把信阳打造成为鄂豫皖交界地区区域性中心城市；一区是指建设国家主体功能区试点市，全面落实试点任务，把信阳建成全国人与自然和谐相处的示范区和推进生态文明建设先行区；三枢纽则是指构建辐射全国、连通世界的交通枢纽、物流枢纽和信息枢纽。发展信阳交通圈时，应立足信阳市的实际，服务和支撑"一市一区三枢纽"目标规划的基础上，开阔视野，以"一带一路"、《淮河生态经济带发展规划》、《大别山革命老区振兴规划》为依托，谋划全市综合交通运输发展，进一步提升信阳市综合交通枢纽地位（图2-2）。

图2-2　信阳市交通区位示意图

一要强力推进综合交通枢纽建设。以综合运输枢纽建设为总抓手，秉承客运"零距离换乘"、货运"无缝衔接"原则，逐步形成功能明确、层次分明、结构完善、衔接顺畅的公路、水路客运系统和物流运输系统；加快公路港、水运港建设，大力发展铁水、公铁、公水、空陆等多种方式联运，打造覆盖鄂豫皖、辐射中部、连通全国的现代综合交通枢纽。与此同时，加快推进枢纽站场建设及现代物流业发展，支持有条件的货运站场向物流站场或物流园区转型，探索农村物流网点建设；大力发展公共交通，加快完善集疏运通道，重点推进9个公交枢纽站和4个公交停保场建设，推进多种运输方式便捷衔接，提升交通优势。二要统筹优化现代交通网络。全面改善市域范围内干线公路和农村公路，充分发挥三省通衢的交通区位优势，加强与周边省份公路网络的衔接，着力扩大路网规模、完善路网结构、提升路网质量，建设内通外达的公路网络。高速公路方面重点加快与安徽省、湖北省高速公路通道的衔接，加强高速公路省际出口的建设；普通国省道公路服务于产业集聚区建设，加快国省道升级改造，促使普通国省干线公路全部达到二级及以上标准，市县之间实现国省道连接。与此同时，进一步提高农村公路的通达深度和县乡公路的网络化水平，加强县乡道危桥改造，逐步实现"乡联县畅、路通桥畅"。此外，推进淮河河道治理及航运开发工程，重点推进淮河淮滨至息县航运工程建设项目，实现淮河水运"通江达海"。

蚌埠拥有京沪高铁、京福高铁、合宿新高铁等13条铁路，扬亳高速、沿淮高速等8条高速公路以及淮河干流第一大港——蚌埠港纵横交贯、水陆交通发达，2017年2月，国务院发布的《"十三五"现代综合交通运输体系发展规划》中，将蚌埠定位为全国性综合交通枢纽城市。《淮河生态经济带发展规划》将蚌埠定位为中西部内陆崛起区中心城市、内河主要港口枢纽，提到蚌埠的重点内容有20多处，主要集中在建设沿淮生态屏障、加强环境污染综合治理、打造畅通高效淮河水道、健全立体交通网络、协同发展优势特色产业、增强协同创新能力方面。另外，2019年初，《蚌埠市区域性中心城市综合交通发展规划》中，明确了蚌埠市综合交通的战略定位——淮河流域和皖北地区中心城市、国家区域中心城市。蚌埠市处于淮河生态经济带的中心、"合芜蚌"国家自主创新试验区的北极、皖北的龙头，东邻"长三角"，南接"长江经济带"，西连"中原经济区"，北靠"一带一路"陆桥大通道，具有连接南北、承接东西的区位优势，是各区域相互沟通联系的"立交桥"，加之拥有传统的综合交通优势，显然具备这样的实力（图2-3）。

图2-3　蚌埠交通

　　在充分衔接上位规划的基础上，结合国家及区域层面的发展战略，从"铁陆空水"4个方面进行详细叙述。铁路方面，完善蚌埠铁路网体系，通过加密南北、打通东西来强化蚌埠与各方向的交流联系，打造连通南北、贯通东西的国家铁路枢纽；公路方面，完善干线公路网架构，强化对外通道和客货运枢纽场站建设，形成与国家高速公路网相协调，与铁路、水运等其他运输方式紧密衔接的高效畅达的干线公路网体系，辐射皖北、淮河流域，对接长三角区域，建设国家级区域公路枢纽；航空方面，加快推进蚌埠民用机场的建设，开通国内航线，打造以蚌埠民用机场为中心、皖北其他机场为节点的皖北区域航空体系，建设皖北地区的航空门户；水运方面，振兴淮河水运，实现通江达海，推进航道治理和港口布局建设，强化多式联运，形成高效的港口集疏运体系，促进外向型经济发展，建设淮河流域航运中心。

专栏4   淮安"米字形"铁路网之宁淮城际铁路
与连淮扬镇铁路

宁淮城际铁路计划由中国铁路总公司与江苏省、安徽省共同出资建设，是长三角城际铁路网的重要组成部分，是国家淮河生态经济带重大基础设施支撑项目，已列入《江苏省沿江城市群城际铁路建设规划（2019—2025年）》（发改基础〔2018〕1911号）。建成后南京、淮安两地间可实现1h甚至不到1h的直线到达，形成鲁苏皖赣高速通道，加强山东半岛城市群、环渤海地区东翼与长三角城市群，特别是南京都市圈之间的联系，完善区域路网结构，进一步巩固和提高淮安在江苏乃至长三角北部区域性综合交通运输枢纽地位。

连镇高速铁路位于江苏省中北部，是贯通江苏南北的重要通道，也是长三角城际网和江苏省四纵四横铁路网的重要组成部分，有江苏高速铁路网的脊梁之喻，具有京沪高速铁路辅助通道的重要功能，在全国高速铁路网和江苏省综合运输体系中具有重要地位。2014年12月26日，连镇高速铁路开工建设。2019年12月16日，连镇高速铁路连淮段建成通车（图2-4）。2020年12月11日淮丹段建成通车，标志着连镇淮扬铁路全线建成通车。连镇高速铁路开通后，把连云港、淮安、扬州、镇江地区部分县市直接送入全国高速铁路网，实现苏北与上海、南京等发达城市无缝对接，为苏北发展带来新机遇，对提高沿线城市对外交通便捷度、更好融入长三角核心区、进一步提升交通区位优势具有重要意义。

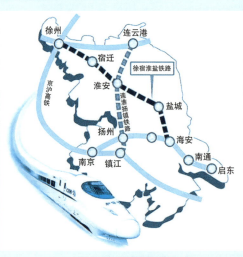

图2-4 连镇铁路

淮安地处江苏省长江以北的核心地区，邻江近海，是南下北上的交通要道，区位优势独特。淮安是江苏省苏北中心城市，是长江三角洲北部地区的区域交通枢纽。发展淮安交通圈能够推动淮安更好地融入"一带一路"、长三角一体化、淮河生态经济带、环渤海经济圈等重大战略，为淮安等苏北地区以及安徽部分城市高质量发展注入更多动能。

打造淮安交通圈需要全链条构筑"内联外通"的现代交通网络，实施"333"工程。补齐"三个短板"：补齐铁路短板，推进沂淮铁路、沿淮铁路前期工作，构建"米字形"铁路网格局；补齐航空短板，提升航空运输服务能力，加快涟水机场升级改造；补齐公路短板，优化干线公路网络，基本实现所有乡镇干线公路全覆盖。强化"三大通道"：推进京沪通道建设，加快宁淮连通道建设，加快沿淮通道规划建设。打造"三个枢纽"：打造引领淮河生态经济带、服务长三角区域、辐射东部沿海地区的航空货运枢纽，换乘便捷、具备快运功能的铁路客货运枢纽和充分发挥水运优势的标志性内河枢纽港。

四、打通"五线"

综合运输大通道是由两种或两种以上运输方式线路组成，承担主要客货运输任务的运输走廊，构成综合交通网的主骨架，是区域的运输大动脉。党的十八大以来，我国综合交通运输进入新的发展阶段，综合运输大通道不断完善。2017年2月3日，国务院正式印发了《"十三五"现代综合交通运输体系发展规划》，提出要建设多向连通的综合运输通道，从顶层设计角度，提出横贯东西、纵贯南北、内畅外通的"十纵十横"综合运输大通道布局方案，加快实施重点通道连通工程和延伸工程，强化中西部和东北地区通道建设。总体来看，国家大通道在服务国家战略、连通经济区域、带动沿线发展方面发挥了重要引领和支撑作用，充分体现了交通运输在国民经济中基础性、先导性和战略性产业特征。

淮河流域各区域之间经济发展差距较大，上、中、下游之间交通尚未连通，尤其是淮河上游与淮河中、下游之间。例如，从上游河南驻马店市到中下游蚌埠市、淮安市等城市间没有直达铁路，阻碍了上、中、下游各区域之间经济协调发展。另外，淮河流域是重要的农产品生产和加工基地，并且具有丰富的煤、盐、碱等特色产业，是承接国内外产业转移的重要基地，具有发展现代物流、金融、商贸服务、科技服务、信息服务、设计服务、人力资源和节能环保等服务业的基础。根据《淮河生态经济带发展规划》，要立足各地产业基础和比较优势，引导产业集中布局，深化产业分工合作，推进大众创业、万众创新，提高协同创新能力，因地制宜发展壮大特色优势产业，加快构建以新型化工业、新能源产业、新材料产业、海洋产业、现代制造业、现代服务业、现代农业为主体产业群和完善的产业支撑的现代化产业体系。毫无疑问，交通对于产业的布局具有重要影响，是完善的产业支撑体系里最重要的一环，构建综合交通大通道对于引导产业布局，充分发展壮大流域内特色产业，促进产业转型升级也具有重要作用。

淮河流域地跨我国中东部地区，同时是南北方重要的分界线，横贯东西、纵贯南北的地理优势使得淮河流域在既有的国家及地区铁路、高速公路、水运港口、民航机场、管道运输规划中已初步发挥重要作用。铁路方面，三条南北铁路大动脉京沪、京九、京广线均通过流域，京沪线依次经过流域内临沂、淮安、扬州等城市，京九线依次经过菏泽、商丘、阜阳等城市，京广线依次经过漯河、驻马店、信阳等城市，东西方向铁路陇海铁路自连云港起经过徐州、商丘等城市；水运港口方面，东西向的淮河干流以及千里淮河第一大港——蚌埠港，南北向的京杭大运河流经扬州、淮安、徐州、济宁等城市，对内河航运起到一定支撑作用；公路方面，南北向国道、东西向国道在流域内纵横交错，四通八达，沟通了东西公路线路与南北公路线路；民航机场方面，郑州新郑机场、徐州观音机场、连云港白塔机场、临沂机场、盐城机场等机场客货运输在全国范围航空运输中均占有重要作用；管道运输方面，我国距离最长、口径最大的输气管道"西气东输"工程一线、二线均自流域内通过，提供了能源运输重要通道。

在现有综合交通运输规划的基础上，以淮河流域经济协调发展所需要的综合运输大通道建设为主线，根据淮河流域运输需求结构和各种运输方式的技术经济特征，综合考虑淮河流域与既有国家及地区铁路、高速公路、水运港口、民航机场、管道运输的布局现状与规划的有机联系与衔接，未来较长的一段时期应突出"淮河黄金水道""沿淮高速公路""沿淮铁路""沿淮管道运输""沿淮空中运输走廊"5条东西走向的高效率、低能耗、多层次的综合运输大通道的规划与建设（表2-4），并通过与铁路、公路运输枢纽和大型港口、集疏运体系的有机衔接和结合而发挥运输服务功能，以便加强淮河流域经济的内在联系，提升流域综合交通运输布局的整体性。

表2-4 淮河流域交通大通道

名称	通道走向
"淮河黄金水道"大通道	淮河干流—洪泽湖—淮河入海水道—滨海港（连云港港、上海港等）
"沿淮铁路"大通道	大丰—宝应—金湖—盱眙—蚌埠—阜阳—驻马店—十堰—汉中—兰州铁路
"沿淮高速公路"大通道	南沿淮高速：滨海—淮安—盱眙—凤阳—蚌埠—淮南—寿县—霍邱—淮滨—息县—信阳—桐柏高速公路 北沿淮高速：盐城—淮安—泗洪—五河—蚌埠—淮南—颍上—阜阳—阜南—淮滨—息县—信阳
"沿淮管道运输"大通道	滨海—淮安—蚌埠—淮南—淮滨、滨海—淮安—徐州—商丘—"LNG"管道运输大通道 淮安—连云港、淮安—响水、淮安—滨海、淮安—蚌埠—淮滨盐卤水管道运输大通道 桐柏—淮滨—霍邱—寿县—淮南—蚌埠—淮安天然碱管道运输大通道 连云港—淮安—蚌埠—淮南成品油管道输送大通道 连云港—新沂—宿迁—淮安—天长成品油管道输送大通道 滨海—淮安—蚌埠—淮南—淮滨氢气管道输送大通道 滨海—淮安—蚌埠—淮南—淮滨氧气管道输送大通道
"沿淮空中运输"大通道	盐城南洋机场—淮安涟水机场—蚌埠（鲍集）民航机场—信阳明港机场大通道

第三章　淮河流域综合交通运输通道构建

第一节　运输通道概述

一、运输通道的定义和特征

运输通道又称"运输走廊"，与社会生活息息相关。从运输联系与运输经济区划相结合的角度来看，运输通道指联结不同区域的重要性和便捷性的一种或多种运输干线的组合，各种不同的运输方式在此地带内互相补充，提供服务。简单概括即在一定区域内只要能承担运输任务，连接主要交通流发源地，有共同流向的某一道路、桥梁、水域、空域等都可以称为运输通道，著名的"丝绸之路"就是运输通道的雏形。

运输通道作为人类社会的基础架构和文明进步的重要组成，具有以下特征：一是具有决定性作用。运输通道作为交通运输网的骨干，连接着区域内和区域间的社会、经济和文化交流，其畅通性关乎整个交通网络的总效益。二是运输量大。运输通道的运输量包括区际运量、过境运量和地方运量，其中区域运量占主要部分，而且由于大部分运输方向具有相似性或相同性，较为集中的运输路线导致运输量大。三是有一定层次性。运输通道可分为高层次与低层次两大类，前者能够满足多种运输方式需求，而后者则以某一单一运输方式为主。四是存在空间溢出性。运输通道不仅对于当地所覆盖的区域具有直接作用，对于周边邻近区域也起到了间接作用。

二、运输通道的分类

运输通道通常以三种分类标准进行分类，即按运输对象划分、按通道的空间层次区域和交流的性质划分、按运输方式构成划分。按照不同的分类标准，运输通道可以分为不同的体系（表3-1）。

表 3-1 运输通道的分类

分类标准	分类结果
按运输对象	客运通道或者以客运为主的运输通道、货运通道或者以货运为主的运输通道、客货兼有的运输通道
按通道的空间层次区域和交流的性质	国际性运输通道（国家间运输通道）、大经济区间的区际运输通道、省际运输通道、省内运输通道、城际运输通道、市内运输通道
按运输方式	综合型运输通道、单一运输方式的运输通道

三、运输通道的功能与作用

运输通道主要具备以下的功能和作用：

1. 交通运输网的骨干

运输通道是区域交通运输系统的骨干，维持着我国区域客货流交通运输，其具有两大优势：第一，运输通道通常拥有先进的技术设备与运营方式，因此运输效率较高；第二，由于运输效率高，主通道与辅助通道相互作用，能够大大降低运输成本。因此，运输通道是交通运输网正常运行的根本保障，建设完整、配套的通道体系保证客货流运输的畅通，是从根本上解决国家或区域的交通运输问题的首要条件。

2. 有利于资源的合理分配与开发

运输通道能促进各种交通运输方式的协调发展，加速完善综合交通运输体系，不断提高综合交通运输能力，实现交通运输结构合理，以良好的交通条件满足各区域资源供给的合理分配与开发，形成各地区生产专业化与地区间相互合作的发展模式。

3. 有利于促进交通运输系统管理的进步和高效化

实现计划上的统筹安排、组织上的协调配合、控制上的反馈追踪，为建立交通运输信息系统和发展联合运输提供有利条件。运输通道能够帮助人们树立"大交通"观念，把握交通活动的总目标，避免各种交通运输方式片面追求自我利益，有利于提高整个交通运输系统的经济效益和社会效益。

4. 有利于政治、经济与文化交流

运输通道能够加强中央与地方、发达与不发达地区、国内与国外的政治、经济与文化交流，因此应结合国家发展战略与各地区发展环境，分步有序地推进国内和国际运输通道建设，进而提升我国交通运输的服务能力。

四、我国运输通道的现状与不足

中国运输发展正处于建设交通强国的起步阶段，党中央、国务院高度重视交通强国建设，围绕交通强国战略做出了一系列重要部署，明确要建设"安全、便捷、高效、绿色、经济"的现代综合交通运输体系，这为新时代我国综合交通运输发展指明了方向。"十三五"时期，我国综合运输通道建设总体顺利。与新时代新发展格局和高质量发展要求相比，通道在建设、运营、内部结构和综合功效等方面仍有较大优化提升空间。

《中共中央关于制定国民经济和社会发展第十四个五年规划和二〇三五年远景目标的建议》明确提出完善综合运输大通道。综合运输大通道是现代综合交通运输体系的重要组成部分，是国内国际两个市场、两种资源融合联动发展的关键纽带，是国家重要的战略性资产。在新发展阶段，打造高质量综合运输大通道是发挥大国规模经济优势的重要支撑力，是推动构建以国内大循环为主体、国内国际双循环相互促进的新发展格局的重要举措。

我国运输通道的布局已形成明显的格局，仍在继续建设和完善，目前运输通道取得了良好成效，有力促进了国内外经济要素规模化高效流通，为经济社会发展提供了基础支撑。在经济高质量发展的新阶段，面对构建"双循环"新发展格局的发展要求，我国综合运输通道发展仍存在诸多不足。

首先，从通道建设分布来看，西部、东北和沿边通道建设相对落后。我国规划的"十纵十横"综合运输大通道中已有"六纵三横"完成了铁路和高速公路贯通。而在未建和在建的11条综合运输通道中，未打通路段主要集中在项目建设难度大和通道末端等区域，主要集中在我国西北、西南、东北和沿边等地区。其次，从通道内部结构看，城市群内短途客流大量挤占通道运力。由于通道与枢纽是构成交通网络的基础元素，运输通道连接着不同规模城市，而不同规模的城市区域影响力差异大，与周边地区经济社会联系差异大，导致综合大通道内部供需结构性差异明显，特别是经过大城市、特大城市的部分路段运力最为紧张。再次，从通道运营情况看，东中西部通道利用两极分化现象严重。由于东部地区运输通道与沿海交通枢纽联系密切，因此导致我国东部地区诸如京沪和沿海等运输通道部分路段承载能力饱和或接近饱和。同时，我国中西部相对比较优势并未得到充分发挥，基于跨大区域协调发展的国内大循环尚未形成，中西部通道运营缺乏足够的经济要素流动需求作为支撑，使得中西部通道利用程度相对落后。最后，从通道综合作用看，促进区域均衡发展能力仍需加强。我国东中西、南北发展差距仍然较大，其中主要原因就是我国运输通道建设与沿线地区产业发展、城镇建设和国土开发等融合能力弱，中西部地区的交通枢纽尚未成为全国或是全球经济产业组织枢纽。因此构建以国内大循环为主体、国内国际双循环相互促进的新发展格局，将为优化我国区域空间提供新机遇。

第二节　淮河流域运输通道现状

淮河是中国第三大河，因其优良的天然航道，成为中国重要的省际运输通道和桥梁。由于淮河流域具有明显的区位优势，交通运输便利，形成了公、铁、水、空、管等现代综合运输体系。以下将从铁路、公路、水运和空运4个方面依次进行叙述。

一、淮河流域铁路通道建设

（一）铁路通道现状

加快以铁路建设为重点的交通设施建设，既是调结构、惠民生的迫切要求，也是稳增长、促发展的现实需要，更是打基础、立长远的战略选择。近年来，我国铁路发展建设取得了举世瞩目的成就。以高速铁路、重载铁路、高寒铁路等为代表的重大科技成果奠定了中国铁路技术处于世界领先地位。

我国淮河流域自民国时期就已经开始了铁路交通事业的发展，铁路建设对于淮河流域起到了重要作用。从人口方面，淮河流域铁路建设对该区域人口流动产生了重要催化和牵引作用，扩大了其人口流动的地理空间范围。一方面，人口沿淮河流域内外连通的铁路网向区域外的东北和江南两地流动，也有借道陇海、平汉及津浦等路辗转前往周边邻省、北京、天津和西北边疆等地；另一方面，人口沿淮河流域各铁路线在区域内流动，其流动的地理空间主要集中于新兴的工商业城市蚌埠、郑州、开封和徐州，津浦铁路沿线的宿县、滁县；陇海铁路沿线的运河镇、新安镇、牛山镇和连云港；平汉铁路沿线的信阳、驻马店、漯河和许昌等小城镇也是人口流动的目的地。从经济方面，铁路作为新兴交通工具，是淮河流域经济由传统走向现代的强大动力。孙中山指出："交通为实业之母，铁路又为交通之母。国家之贫富，可以铁路之多寡定之；地方之苦乐，可以铁路之远近计之。"一方面，铁路的贯通，延长了淮河流域农产品流通的链条，拓宽了农产品的销售市场，扩大了农产品的市场交易量。津浦、陇海等铁路在淮河流域的兴建，为大量农产品的输出提供了交通运输的便利，带动了淮河流域农村商品经济的发展，尤其在铁路沿线地区，农业生产受市场信号影响很大，农产品的商品化程度越来越高。另一方面，铁路在淮域的通车，降低了产品的运输成本，提高了运输效率，极大地便利了工业原料、燃料的获取和工业产品的运销，从而拓展了工业的发展空间。同时，也使淮河流域工业分布呈现出向铁路沿线转移的趋向。

由于独特的区位优势，淮河流域在交通上十分发达。在铁路交通上，我国的三条南北铁路大动脉——京广、京九、京沪线分别从流域的东、中部穿过，新长铁路则从流域的西部穿过。不仅如此，著名的欧亚大陆桥陇海铁路及晋煤南运的主要铁路干线新石铁路横贯于流域北部。

《淮河生态经济带发展规划》中对于淮河生态经济带交通提出了"四轴"发展的概念，因此以下将通过"四轴"逐步介绍我国淮河流域跨区域的铁路通道建设现状。依托京广线，建设漯河—驻马店—信阳发展轴。漯河—信阳段地处京广线中段，是京广线客货运输频率最高的区段之一。其中漯河作为两条纵向和一条横向国家铁路的交会处，有独特的铁路区位优势。依托京九线，建设菏泽—商丘—亳州—阜阳—六安发展轴。京九线在淮河流域中起于山东菏泽，止于安徽六安，途经6个城市。其中菏泽、商丘和阜阳在京九铁路开建之前就成了铁路枢纽要塞，菏泽拥有新兖铁路——西起河南新乡，东至山东兖州，商丘则是陇海铁路的重要铁路枢纽，而阜阳境内已有青阜铁路、漯阜铁路、阜淮铁路、阜六铁路等支线。依托京沪铁路与高铁，建设济宁—枣庄—徐州—淮北—宿州—蚌埠—淮南—滁州发展轴。京沪高铁全线共设24

个车站，其中在淮河流域内途经济南西站、泰安站、曲阜东站、滕州东站、枣庄站、徐州东站、宿州东站、蚌埠南站、定远站、滁州站。依托新（沂）长（兴）铁路、在建的连淮扬镇高铁、规划建设的京沪高铁二通道，建设临沂—连云港—宿迁—淮安—盐城—扬州—泰州发展轴。其中连淮扬镇铁路是苏北铁路网的重要组成部分，途经淮安、扬州市，跨长江后止于镇江市，线路全长304.537km，是时速250km/h的双线电气化高速铁路，全线共计16个站点。临沂至淮安高速铁路是京沪高铁"第二通道"的重要组成部分，该线路起自山东临沂，途经郯城、江苏新沂、沭阳，终至淮安东站。

以上以"四轴"为引介绍了我国淮河流域纵向的铁路通道建设，不仅如此，从东西向来看，我国淮河流域的铁路通道建设也同样在有序进行。沿淮铁路连接着河南、安徽北部皖北地区、江苏北部苏北地区和山东淮河流域的相关市县，是作为国家陇海铁路的重大补充，也是国家三大流域之一的淮河流域最为重要的客运干线。其作为东西向通道，起于江苏省淮安，经安徽止于河南省南阳市，西接京九客运专线，东连淮扬镇快速客运铁路，贯通豫、皖、苏三省。沿淮铁路安徽段铁路全长约123km，蚌埠南站引出后向南，沿合蚌客专通道，接入商合杭高铁淮南南站，向东蚌埠南站引出经沫河口、新集镇接入合宿青高铁五河站。沿淮铁路与合宿青、商合杭铁路的互联互通意义重大，将形成贯通豫、皖、苏三省的沿淮快速铁路通道，对完善区域铁路网布局，支撑皖江城市带和淮河生态经济带发展具有重要作用。新石铁路线起自新乡站，止于石臼所站（日照），全长613.203km。这条铁路由新兖铁路和兖石铁路两部分组成，途经河南、山东两省，连接京广铁路、京九铁路、京沪铁路、胶新铁路，还与海运相通。其中新兖铁路西起河南新乡（接轨点为新乡南站），东至山东省兖州，全长305.303km，新兖铁路的全线贯通，大大促进了鲁西南地区的经济发展，同时也为晋煤外运增加了一条重要通道。而兖石铁路位于山东省东南部，西起兖州（接轨站为程家庄站），东至石臼所站，全长307.9km，共有车站39个，兖石铁路的建成对晋煤外运、开发沂蒙山区、振兴鲁南经济和巩固国防都具有重要意义。陇海铁路。陇海铁路原名陇秦豫海铁路，又名海兰铁路，全长1759km，为一级双线电气化线路。其西起于甘肃省兰州市、东至江苏省连云港市，与海运港口相接，途经徐州、商丘、开封、郑州、洛阳、三门峡、渭南、西安、咸阳、宝鸡、天水、定西等城市，与兰新、包兰、兰青铁路衔接，交于京沪、京广、交直、南通铺、咸通、宝成等铁路，横贯江苏、安徽、河南、陕西和甘肃五省。这条铁路不仅是华东、华中、西北三大地区最主要及最重要的铁路干线，也是从太平洋边的中国连云港至大西洋边的荷兰鹿特丹的新亚欧大陆桥的重要组成部分。

（二）铁路通道存在的问题与改进

我国铁路运输的发展历史悠久，其优势在于安全性高、运输量大及成本较低，但是淮河流域铁路运输仍存在问题，有待改进。

1. 铁路通道运能达到饱和

铁路运输路线运力不足仍是我国铁路运输面临的主要问题。我国铁路"四纵三横"贯穿淮河流域，淮河流域铁路通道能力利用率普遍超过85%，更有许多区段接近于饱和，因此随着区域经济的快速发展以及人们对运输需求的不断增大，既有铁路运力难以承受通道运输需求。所以要强化铁路运输的组织调度能力，使铁路运力达到尽量大的合理使用效率。

2. 铁路通道建设标准滞后

淮河流域铁路网络体系不完善，部分线路技术标准低、运输效率低。徐盐铁路、连镇铁路均为250km/h的线路，与现在主流的350km/h铁路大通道速度标准存在不小差距。青岛至盐城铁路于2018年建成通车，但设计标准为客货兼顾，江苏境内速度目标值仅为200km/h，而盐城至南通铁路为350km/h，青岛至盐城段的低速极大地影响了沿海高铁通道的整体服务水平。因此应提高淮河流域铁路技术标准，完善铁路网络体系，补足铁路运输效率低的短板。

3. 铁路运输发展不均衡

如今地区仍存在客货共线与中低速共线的问题，而且发达地区和贫困地区铁路建设呈两极化，某些落后地区尚未开通铁路，不仅为旅客出行带来不便，还影响了工农业货运需求。以河南为例，河南省内铁路项目储备不足的问题日益凸显，其中南阳、信阳、漯河、周口作为人口大市，目前仅有一条高铁通道，对区域协同发展造成制约。因此应合理规划铁路路线，同时建立高速铁路专线，对于缺少铁路的地区尽快进行合理的路线规划。

二、淮河流域水运通道建设

（一）水运通道现状

水运是经济社会发展的基础性、先导性产业，在综合交通运输体系中占据重要地位。其具有运能大、成本低、占地少等特点，在支撑国民经济平稳较快发展、优化国土开发和产业布局、促进对外贸易和国际竞争力提升、维护国家权益和经济安全等方面发挥了重要作用。由于水运强大的运输能力和低成本优势，使得其在运输成本上拥有先天的竞争优势，因此大力发展航运对淮河流域的发展具有重要意义。

从我国淮河流域全局的航运发展来看，《淮河流域综合规划报告》中指出以建成干支衔接、通江达海的航道网络为目标，同时提出以京杭运河和淮河干流等"两纵两横"全国内河高等级航道和22条区域性重要航道等Ⅳ级及以上航道为骨干，以一般航道为基础的布局方案。不仅如此，《淮河生态经济带发展规划》在建设通江达海的航道网络部分提出"打通淮河出海通道，推进淮河出海Ⅱ级航道、滨海港直连工程、连云港30万吨级航道建设，开展滨海港区30万吨级深水码头建设研究。加快淮河航道整治与疏浚工程建设，推进航道船闸升级扩容，提升航道等级。加快淮河干支线、京杭运河航道航运开发，推进引江济淮工程建设，提升蚌埠、徐州、济宁内河主要港口枢纽作用，形成通江达海、干支相连、铁水联运、港航配套的现代航运体系"的发展方案。

淮河与江相连，与海相通，包括入江与入海通道。淮河入江通道，在江苏省西部淮河中游行洪、蓄洪湖泊，位于洪泽湖下游，上起洪泽湖三河闸，下至江都附近的三江营，全长157.2km。该水道形成于清代，原本由三河闸处开挖仁、义、礼三条引河，洪水遂经新三河入宝应湖。出湖后岔流多而曲折，北达白马湖，南入高邮湖和邵伯湖，经江都六闸入里运河，再出金湾河、凤凰河、太平河等五河，由芒稻河、廖家沟南下，至三江营入长江。淮河入江通道中淮河干流、徐宝线和芒稻河是列入全国或省级规划中的重要水道。该入江水道分为三段：上段从三河闸至施尖入高邮湖，长55km，由三河与金沟改道段组成。中段从高邮湖施尖到邵伯湖六闸，长55km，为湖区行洪。下段从六闸至三江营，长48km，由运盐河及金湾河汇入芒稻河；太平、凤凰、壁虎、新河汇入廖家沟；芒稻河与廖家沟汇于夹江，至三江营入长江。

而淮河入海通道位于淮河下游、江苏省北部，与苏北灌溉总渠平行。该通道西起洪泽湖二河闸，经淮安市清浦、淮安两区和盐城市阜宁、滨海两线，并分别在淮安区境内与京杭大运河、在滨海县境内与通榆河立体交叉，最后至滨海县扁担港注入黄海，全长163.5km，河道宽750m，深约4.5m。为达到国家防洪标准，国务院批准《淮河流域防洪规划》，将入海水道二期工程列入治理实施工程。该项工程的实施将大幅提高淮河下游地区防洪标准，确保我国航运的正常通行与水资源的合理利用。

（二）水运通道存在的问题与改进

淮河作为流域腹地水运运输的大动脉，淮河航运事业的发展与经济发展息息相关，伴随着科技进步，淮河水运发展正逐步走向成熟，但是淮河航运仍存在以下一些问题。

1. 跨界水污染问题比较突出

淮河流域跨界污染问题突出。部分省控河流水质断面的指标时有超标现象，淮河流域下游饮用水源受上游客水入境污染的影响严重。同时下游城市污水处理设施配套管网建设进度较慢，排水系统不够完善，导致上游污水严重影响南水北调东线工程输水水质。应推进淮河流域环保合作，探索构建有效的淮河流域环保工作机制。坚决淘汰淮河沿岸高污染、高排放的落后产能，推进沿淮企业一律进园和产业的循环式发展，实现污染排放的最小化和集中治理。加大沿淮城市的污水处理设施和工业园区的废水治理设施建设，实现达标排放。

2. 航道通达性不足

淮河流域部分现有的航道等级低、通航设施规模小，航道与港口衔接不够，未能实现河海通达联运。应进一步加大淮河干流航道的疏浚和整治力度，尤其要重点加强薄弱段、瓶颈段的整治，同时大力推进淮河支流航道的疏浚和整治以及与淮河干流航道的对接，努力提高航道的等级和通航能力。统筹淮河港口建设，大力推进现有港口的功能提升和完善，以资产为纽带，整合和优化市场资源，积极吸引和鼓励国际国内大型航运、海洋企业投资淮河航运发展。

三、淮河流域公路通道建设

（一）公路通道现状

常言道"要想富，先修路"，这句话足以体现出公路在交通运输方式中的重要地位。公路运输是交通方式中最为快捷的一种，其建设不仅是人民步入美好生活的基本保证，也是一个国家经济迅速发展的必要前提。"砥砺大道国运兴"，截至 2019 年底，全国公路总里程达 501.25 万 km，相比 2018 年增加 16.60 万 km，其中高速公路里程增加 0.7 万 km。《公路"十三五"发展规划》提出：到 2020 年国家高速公路建成通车 11.1 万 km，国家高速铁路网（实线）建成率达 90% 以上。

我国公路作为交通网络的主要血液，覆盖了中国大陆的每一个角落。从我国全局跨省的公路布局来看，《淮河生态经济带发展规划》提出"以加快建设高等级、广覆盖公路网，推动京沪高速江苏段扩容，有序推进地方高速公路建设，优先建设国省干线市际未贯通路段和瓶颈路段，提高国省干线公路技术等级和安全服务水平"的发展目标。

淮河流域交通发达，拥有一条东西向横跨三省的著名公路——沿淮高速公路。沿淮高速公路起于河南省淮滨县，途经固始县、霍邱县、寿县、淮南市，止于安徽省怀远县，向东经江苏至沿海各大港口，向西则连接陕西、四川、重庆和兰州等地，接轨于欧亚大陆桥。其以淮河和洪泽湖为边界，以淮河为纽带，将皖北和豫东南的交通连接起来，打造淮河经济带。沿淮高速公路可分为北沿淮高速公路与南沿淮高速公路，前者起于盐城，依次经过淮安、蚌埠、淮南、阜阳和信阳等市；后者则从淮安出发，途经明光、蚌埠、淮南市，止于信阳市。沿淮高速公路将蚌埠老工业基地、淮南煤炭、化工基地和新兴的定远盐化基地、霍邱铁矿基地相连接，对沿淮地区的产业经济发展起到了资源整合和推动作用，扩大了区域间的经济合作。

（二）公路通道存在的问题与改进

自改革开放以来，我国公路运输事业快速发展。从完成的运量和周转角度看，公路客运已成为主要的客运方式，公路货运量也远远超过其他运输方式，周转量也快速增长。但依旧存在着以下不足：

1.运输结构不合理

由于淮河流域部分公路是基于原有的老旧公路上修建而成，因此质量差，运输结构极不合理，再加上车型结构的配置不合理，大大影响了运输效率。因此公路通道建设应加强管理，完善运输结构，以解决交通安全性、运输效率问题，建立起准确、高效的综合运输系统。

2.公路通道设施仍需加强

公路运输中部分基础设施建设较为滞后，运输通道中客运站和货运站建设缓慢，严重影响了公路运输业的发展，因此应遵循"五纵七横"公路规划建设，努力完善公路通道设施，将淮河流域沿线城市、交通发展中心连接起来，合理规划公路网点，充分发挥公路作为我国主要交通运输保障的重要作用。

四、淮河流域航空通道建设

（一）航空通道现状

航空运输是继内河运输、海上运输、铁路运输、公路运输等运输方式之后的"第五冲击波"。依托空港，发展航空枢纽经济及航空制造经济，利于提高城市的中心地位，更好地发挥中心城市的辐射带动作用，对于拉动区域经济发展、增加就业等具有重要意义。航空运输是国家重要的战略性资源，具有承运货物附加值高、快捷高效等特点，在促进航空货运设施发展、集聚和优化航空要素资源配置、提升航空货运企业国际竞争力、促进民航业和物流业持续健康发展方面具有重要意义，是深化航空业供给侧结构性改革的必然选择，是航空业转型升级实现高质量发展的重要途径。截至2019年底，我国共有定期航班航线5521条，国内航线4568条，其中港澳台航线111条，国际航线953条，航线里程达1362.96万km。其中定期航班国内通航城市234个，我国航空公司国际定期航班通航65个国家的167个城市，内地航空公司定期航班从30个内地城市通航香港，从19个内地城市通航澳门，大陆航空公司从49个大陆城市通航台湾地区。

航空运输作为现代化交通运输方式，既是推动我国经济发展的重要发动机之一，也是未来主要城市经济发展的重点之一。《淮河生态经济带发展规划》

中明确提出以完善航空运输网络为主要任务，具体包括"优化运输机场布局，在机场密度较低且需求潜力较大的地区，规划新建一批支线机场。加快通用机场建设，大力发展通用航空业，形成沿淮通用航空作业走廊。协调沿淮各运输机场分工定位，强化各机场业务合作，实现协同发展，促进空域资源有效利用"。

1. 国际及港澳台航线

我国航线大体可分为国际及港澳台航线、国内航线两种。从国际及港澳台航线角度看，我国淮河流域航空运输的航线航班主要有：

首先是郑州新郑国际机场，由于其区位优势独特，适宜衔接东西南北主要航路航线，因此具有发展全球航空运输的独特优势，目前郑州机场已经逐渐形成了覆盖全球的航线网络（表3-2）。

表 3-2   淮河流域国际及港澳台航线

航空公司	航点
中国南方航空	伦敦（希斯罗）、曼谷（素万那普）、普吉岛、香港、台北（桃园）、高雄、首尔（仁川）、济州岛、东京、大阪、静冈、名古屋、多伦多（经停广州）、岘港
祥鹏航空	普吉岛、芽庄
四川航空	温哥华
厦门航空	新加坡、雅加达、吉隆坡、曼谷
中国国际航空	澳门
中国东方航空	马尼拉、苏梅岛、岘港
上海航空	大阪（经停上海）、甲米（包机）、曼谷（素万那普）
港龙航空	香港
国泰航空	香港
澳门航空	澳门
华信航空	台北（桃园）、台中
长荣航空	台北（桃园）、高雄
大韩航空	首尔（仁川）
易斯达航空	首尔（仁川）
泰国航空	曼谷（素万那普）
泰国微笑航空	曼谷（素万那普）
新加坡航空	新加坡

续表

航空公司	航点
春秋航空	大阪
美国动力航空	关岛
美佳环球航空	马累
阿联酋航空	迪拜（经停银川）
老虎航空	新加坡
文莱皇家航空	斯里巴加湾
韩国易斯达航空	清州（包机）、襄阳（包机）
韩国德威航空	务安（包机）
越南国家航空	岘港（包机）
勒奥斯航空	罗马（包机）
捷星航空	墨尔本
天津航空	悉尼（天津—郑州—悉尼）
吉祥航空	芬兰

其次分别是扬州国际机场、泰州国际机场、徐州观音国际机场，连云港白塔埠机场、盐城南阳机场等国际机场。江苏淮河流域的航线网络步步延伸，层层辐射。

2. 国内航线

上述所介绍的国际机场不仅具备国际航线通道，在国内航道的建设上更加完善，其通道基本覆盖我国所有城市。因此以下将介绍淮河流域部分具有特色的支线航空通道。

首先是临沂机场，1958年11月9日，济南—临沂通航是山东省最早的民航地方航线。2007年底，临沂机场可直达上海、北京、广州、青岛、西安、重庆、杭州、武汉、哈尔滨9个城市，经过中转联程可通往深圳、厦门等全国50多个大中城市。除此之外，阜阳机场自1998年通航，至今已开通航线13条，通航城市包括成都、鄂尔多斯、北京、上海和天津等17个城市。最后，淮安作为淮河流域重要航空枢纽，运行的航空公司达19家，开通了40条货运航线，通航国内北京、上海、石家庄、温州、宁波、兰州、长沙、重庆、西安、福州、贵阳、成都、广州、厦门、深圳、哈尔滨等30个城市。

（二）航空通道存在的问题与改进

目前淮河流域航空通道主要集中于部分发达城市，并且各城市机场航线相对独立，尚未形成区域性的航空运输协作联盟。因此，应根据《淮河生态经济带发展规划》，建立起淮河生态经济带航空运输区域合作机制。区域经济合作必将引入区域空港之间的合作，这有利于整合运输资源，发挥整体优势。

在协作中，还要继续与省内各港务协作发展。大力发展与省内各航空机场的联合，形成区域性空中揽货和供应网络。特别是在空陆联运方面有很大的合作空间，应该建立合作机制，增加互补性，减少替代性，资源共享，互利共赢，承担次级转运功能，承担周边的货邮集散，再将这些散件拼箱发运到中枢机场，然后由中枢机场辐射全国。

第三节　淮河流域运输通道完善

一、淮河流域运输通道规划及实施

淮河流域作为中华文化的集中传承地，是文化自信的重要依托。淮河流域人口众多，人口密度是全国平均水平的 4.5 倍左右，是全国粮食安全的重要支撑地。推进淮河生态经济带能够推动淮河流域高质量发展，而其中交通基础设施建设是发展淮河生态经济带的关键一环。《淮河生态经济带发展规划》中明确指出"坚持规划引导、适度超前的原则，协同推进交通、水利、信息等基础设施建设，加快构建布局合理、功能完善、智能绿色、安全高效的现代化基础设施体系，增强支撑保障能力"。不仅如此，淮河流域各省市对于建设淮河流域生态经济带也采取了相应举措，有条不紊地规划和发展淮河流域运输通道建设。

（一）铁路通道

首先淮河生态经济带河南段以资源环境承载能力为基础，旨在发挥各地比较优势，依托综合交通干线和重要生态水系，构建"一区、两轴、两廊"的空间发展格局。其涵盖六市一县，重点推动信阳市、商丘市区域中心城市建设，壮大驻马店市、周口市、漯河市、平顶山市等大中城市规模和综合实力，强化产业集聚、交通枢纽、服务功能，为内陆地区加快崛起提供示范引领。其中在陆运交通层面构建"两轴"（京广线、京九线两大发展轴）即依托京广高铁、京港澳高速等交通干线，建设漯河—平顶山—驻马店—信阳—南阳—桐柏发展轴；依托京九铁路、京九高铁等交通干线，建设商丘—周口—驻马店—信阳发展轴。在《河南省淮河生态经济带建设重大工程的通知》中，关于铁路网络优化工程部分明确提出"完善铁路网结构，增加铁路网密度，扩大铁路网覆盖面，推进沿淮市县加快融入全国高速铁路网络。重点推进 10 个重大项目建设，省内总里程约 3000km，总投资约 3000 亿元。2019 年建成郑万高铁、郑阜高铁、商合杭高铁，总里程约 609km。2019 年开工建设京雄商高铁，总里程 26km。'十四五'期间，建成三门峡至江苏洋口港铁路 593km，开工建设京九高铁阜阳至黄冈段 134km。研究推动宁西高铁、南阳经驻马店至阜阳铁路、信阳至随州高铁、濮阳经开封至潢川铁路和洛阳至平顶山至漯河至周口城际铁路"。从河南省铁路通道来看，目前有两条铁路通道规划经过淮河流域。

专栏1   **河南省铁路通道**

（1）南商济铁路，又称南济铁路（南阳—济宁），是一条西南东北向铁路通道，西南方向起于河南省南阳市，东北方向到达山东省济宁市，途经南阳、驻马店、漯河、周口、商丘、菏泽、济宁，共七县市，沿线拥有 4000 万人口。南济铁路可作为连接韩国到中亚、东南亚的货运大通道。此铁路建成后，山东半岛、黄淮海平原、大别山革命老区、桐柏山革命老区、南水北调渠首能够快速对接，助推"一带一路"倡议加快实施，加快促进国家中部崛起、桐柏山革命老区发展，促进西部大开发战略的实施与沿线城市发展。

（2）三洋铁路（三门峡—亳州—洋口港），其是在《中原经济区规划》的基础上建设的一条出海通道，横穿并连接我国除宝成线之外所有南北通道。该铁路连通蒙华线、焦柳线、京广线、京九线、京沪线等南北铁路通道。该铁路作为中国的一条单线电气化铁路，西起河南三门峡（接蒙华铁路、陇海铁路）、途经洛阳、平顶山（接焦柳铁路）、许昌（接京广铁路）、周口、商丘、安徽亳州（接京九铁路）、永城、淮北（接青阜铁路）等市，通过宿淮铁路（接京沪铁路），至江苏盐城及洋口港出海。线路全长1200km，途经三省13个地级市、30个县区，覆盖人口8000万，且穿越资源丰富地区和粮食高产区。三洋铁路地处陇海铁路和宁西铁路之间，该铁路建设有利于完善和优化区域路网，增强路网机动灵活性，对于保障西煤东运、促进东中西部区域间经济交流以及实现区域可持续发展等方面具有重要意义。

淮河生态经济带山东段以落实加强区域生态环境保护联防联控、加快区域基础设施网络化建设、推动区域产业协同发展、统筹城乡一体化发展、推进区域社会事业融合发展、共建双向开放新格局6个方面的36项重点任务为基础，旨在全面提升区域协同发展水平，加快鲁南地区实现转型跨越高质量发展。山东省淮河生态经济带涵盖枣庄市、济宁市、临沂市和菏泽市4个城市，在《山东省实施淮河生态经济带发展规划工作方案》中打造立体交通网络铁路部分明确提出"加快鲁南高铁、雄商高铁山东段、京沪高铁二通道山东段、莱芜—鲁南高铁等项目建设。推进济南—泰安—枣庄—徐州旅游通道、临沂—连云港、枣庄—临沂、菏泽—徐州、济南—济宁、滨州—临沂（滨州—淄博—莱芜段）等铁路规划建设"的工作任务。山东省淮河流域主要包括三条铁路通道。

专栏2　　　　　　　　**山东省铁路通道**

（1）济南至枣庄高速铁路，简称济枣铁路，为《山东省综合交通网中长期发展规划（2018—2035）》中的"六纵"高铁网络之一的旅游高铁通道。该铁路位于山东省中西部，北起济南枢纽，向南经泰安、济宁，最终到枣庄市台儿庄区。港沟站至台儿庄站正线长度 269.67km，其中新建正线 264.42km，利用既有鲁南高铁曲阜东站已建工程 5.25km，全线桥隧比为 80.62%。全线共设济南东、港沟、泰安东、宁阳东、曲阜东、邹城东、滕州东、枣庄南和台儿庄 9 座车站，其中港沟站为济莱高铁在建站，济南东、曲阜东、滕州东 3 座为既有站。新建济南至枣庄铁路是山东省重点建设项目，用于承担沿线的城际客流，同时兼顾部分长途客流。济枣铁路可以缓解京沪高铁通道客流压力，优化京沪通道供给，不仅是山东"四横六纵"高铁网、山东半岛城市群城际铁路网的主要构成，还是构建山东半岛沟通长三角等地区快速客运通道的重要组成部分，更是一条服务于沿线旅游及居民出行的快速客运通道。

（2）日兰高速铁路，又名鲁南快速铁路客运通道，是山东"三纵三横"快速铁路客运网的重要"一横"。该铁路贯通山东南部地区，自郑徐高铁兰考南站引出，西起河南省兰考县，经菏泽、济宁、临沂至日照市，全长约 510km。全线分为 4 段，其中 2016 年曲阜至临沂正式开工，2019 年日照至曲阜正式开通运营。鲁南快速铁路客运通道是继济青高铁之后，山东又一条东西向重要客运通道，将在多个节点连接国家快速干线，与国家路网实现互联互通。其向东经青连铁路可连青岛，经青岛通过青荣城际铁路直通烟台、威海；向南经沿海通道连通江苏、浙江、上海；向西则在菏泽与京九高铁接轨，继续向西在兰考南站接轨郑徐高铁，直达郑州，进而连通陕西、重庆、四川、云南、贵州等省市。日兰高速铁路的建设将有效解决鲁南、鲁西南地区居民快速出行问题。

（3）枣临铁路，又名枣临县，位于山东省南部，西起京沪线井亭站，东至兖日线朱保站，正线全长 119.51km，地跨枣庄、临沂市，沿途设洪洼、山家林、邹坞、齐村、枣庄东、东井、税郭、新兴、苍山（今兰陵北）、薛南等 10 个车站。枣临铁路的建设，不仅可以进一步完善山东省路网结构，缓解京沪铁路运输状况，还能对枣庄、临沂、日照三市经济发展起到较强的带动作用，在国家和山东铁路网中具有重要战略意义。

淮河流域安徽段包括蚌埠、淮南、阜阳、六安、亳州、宿州、淮北、滁州等八市，全长 436km，流域面积为 6.69 万 km²，占淮河总长和总面积的 43.6% 和 35.8%。其中淮河生态经济带安徽段是安徽省重要的区域板块，构建美丽宜居、充满活力、和谐有序、绿色发展的淮河（安徽）生态经济带有利于进一步提高安徽省的综合实力与区域竞争力。《安徽省贯彻落实淮河生态经济带发展规划实施方案》中的建设高速铁路网部分明确了规划任务，即"建设合肥—新沂、沿淮等高铁，构建以阜阳、蚌埠为枢纽，以淮北、亳州、宿州、淮南、滁州、六安为节点，连接京津冀，通达沪苏浙、中原经济区的高速铁路网。建设淮北—宿州—蚌埠、阜阳—蒙城—淮北、蚌埠—滁州—南京、合肥—新桥机场—六安城际铁路，开展安康（襄阳）—合肥高铁、合肥—六安—金寨市域（郊）铁路等规划研究，完善区域内互联互通快速铁路网，扩大快速铁路覆盖面。完成既有铁路扩能改造，提升铁路网整体能力和效率，打造运输方便快捷、服务高效多元的现代铁路交通体系"。

专栏 3　　　　　　　　　**安徽省铁路通道**

（1）阜六铁路，该铁路北起阜阳市，途经颍上、霍邱，至六安市与宁西铁路接轨，纵贯皖西北，全长 166km，全线共有车站 14 个。阜六铁路以货运为主，其建立有效缓解华东地区南北向铁路运输压力，是国家规划建设的阜阳—六安—安庆—景德镇铁路的重要组成部分。

（2）阜淮铁路，该铁路西北起安徽省阜阳市，经颍上县、凤台县至淮南市，全长 130km。阜淮铁路是安徽省淮北平原南部的煤运干线，将濉阜铁路和淮南铁路连接起来，向北经夹符支线与陇海、津浦铁路相接，向南隔长江通过宁芜、皖赣铁路同浙赣、鹰厦铁路相连，形成了华东沿海南北第二条铁路干线。

（3）亳蚌铁路，其作为淮海铁路中的一部分，起点由京九铁路亳州站接轨，其间设区间站（蒙城站），终点至蚌埠北与京沪铁路曹老集站连接。不仅如此，亳蚌城际铁路已经列入《安徽省中长期及"十四五"铁路网规划》，规划中的亳蚌城际铁路全长为 179.745km，起点为亳州南站，经涡阳、蒙城、怀远等区间站，最终至蚌埠北融入京沪铁路网。

淮河流域江苏段包括宿迁、淮安、盐城、徐州、连云港、扬州、泰州等七市。根据《淮河生态经济带发展规划》，江苏省在健全铁路交通网络方面，将推进沿淮铁路建设，建设徐宿—淮盐、合肥—新沂、徐州—连云港高速铁路，连云港—盐城、盐城—南通等铁路。江苏省淮河流域铁路通道主要包括4条。

专栏4　　　　　　　　　　江苏省铁路通道

（1）徐盐高速铁路，简称徐盐高铁，位于江苏省北部地区，是一条连接徐州、宿迁、淮安、盐城四市的东西向高速铁路。该铁路与京沪铁路、陇海铁路、京沪高铁、连淮扬镇铁路、沪通铁路、沿海铁路相连，并与连淮扬镇对接，形成徐宿淮扬镇铁路通道，具有京沪高铁第二通道的重要功能。徐盐高速铁路由徐州东站至盐城站，本线全长约314km，是江苏省腹地重要的铁路大动脉之一，其建立有利于优化苏北乃至江苏省的铁路交通网络，对促进盐城、淮安、宿迁等地进入高铁直接辐射范围具有重要意义。

（2）连徐高速铁路，简称连徐高铁，位于江苏省北部平原地区，是一条连接江苏省徐州市与连云港市的东西向高速铁路。该铁路西起徐州市，东至连云港市，经过徐州市的邳州市、新沂市，连云港市的东海县，由连云港站至后马庄站后接轨于徐盐高速铁路，正线全长180.385km。连徐高速铁路建成后，陇海通道将全线贯通，并与京沪高铁在徐州交会，将发挥陇海通道的整体效益，完善区域路网结构，大幅提升路网连通度和灵活机动性。

（3）连盐高速铁路，即连云港至盐城高速铁路，位于江苏省东北部，线路全长234km，是青盐铁路的一部分。该铁路北接青连高速（青岛—连云港），南连盐通高铁（盐城—南通）、沪通铁路（上海—南通），沿途经连赣榆站、海州站、连云港站、董集站、灌云东站、响水站、滨海港站、阜宁站、盐城站等，是我国《中长期铁路网规划》"八纵八横"之一沿海通道的重要部分。

（4）盐通高速铁路。该铁路北起徐宿淮盐铁路盐城站，向南经大丰区、东台市、海安县后继续向南走行经如皋市后，进入通州区在建沪通铁路南通西站，后与沪通铁路共通道越过长江至张家港，接入在建沪通铁路、规划南沿江铁路共设的张家港站，正线全长156.686km。盐通高速铁路是中国沿海铁路大通道的重要组成部分，其建设将补足沿海铁路的缺失路段，与徐盐、沪苏通高铁共同形成京沪高铁南段的重要辅助通道，推动江苏沿海地区融入长三角，对促进苏中、苏北振兴具有重要作用。

（二）航运通道

河南省航运发展迅速，"十三五"期间，河南省全省内河水运计划完成投资90亿元，建设航道304km，全省内河通航里程达1855km，其中Ⅳ级高等级航道达到670km。同时，河南省出台了一系列加快内河水运发展的政策，加快推动了河南内河水运的发展。《河南省贯彻落实淮河生态经济带发展规划实施方案》中提出淮河流域水运交通任务，即"加快淮河干支线航运开发和港口建设，建成周口市、漯河市、固始县、淮滨县内河港口口岸查验区，支持建设淮滨临港经济区"。《河南省淮河生态经济带建设重大工程》确定了河南省淮河生态经济带航运开发建设的主要工程，即"加快淮河干支线航运开发、航道整治和疏浚，打通淮河、沙颍河出海通道。重点推进5个重大项目建设，总投资约82.8亿元。到2020年，新建淮河淮滨至息县航运工程淮滨段、沙河漯河至平顶山航运工程漯河至北汝河口段、沙河漯河至平顶山航运工程北汝河口至平顶山段Ⅳ级航道150km，升级改造沙颍河周口至省界Ⅳ级航道90km。'十四五'期间，开工建设淮河淮滨至息县航运工程息县段Ⅳ级航道80km"。

安徽地处华东腹地，紧邻"长三角"水网地区，具有发展内河水运优越的水资源条件，地跨长江、淮河、新安江三大流域。淮河干流航道流经皖北地区，全国五大淡水湖之一的巢湖位于江淮之间，为安徽的航运交通发展提供了先天优势。截至2017年底，安徽省长江干线、淮河干流、合裕线、芜

专栏5　河南省淮河流域水运航道在建和改造工程

（1）沙河漯河至平顶山航运工程。该工程起自规划的平顶山港叶县港区，沿沙河向东，终点为漯河船闸。该工程包括漯河港至北汝河口段和北汝河口至平顶山港段。其中漯河港至北汝河口段按Ⅳ级航道标准整治航道71km，建设船闸2座，建设西陈航道枢纽1座，建设1个港区，500吨级泊位4个，设计年吞吐量89万t，改建碍航桥梁5座。而北汝河口至平顶山港段按Ⅳ级航道标准整治航道29.3km，建设2个港区，建设500吨级泊位13个，设计年吞吐量580t。

（2）沙颍河周口至省界航道升级改造工程。主要内容包括按Ⅳ级航道标准改造航道89.4km，建设郑埠口复线船闸，改建沈丘航运枢纽，建设500吨级泊位6个，设计年吞吐量300t。该航道作为中原内陆地区通江达海的主要通道，是连通淮河航道的门户，对沟通中原与华东地区的经济交往具有重要战略意义。

（3）淮河淮滨至息县航运工程。其中淮滨段航道工程起点位于淮滨饮马港，终点位于淮滨与息县交界的间河口，全长47.515km，按Ⅳ级航道标准整治47.5km。

（4）唐河社旗至省界航运工程。该工程位于河南省南阳市新野县、唐河县、社旗县境内，通航里程全长为128km，目的旨在通过从下游至上游建设水台子、郭滩、马店、源潭、弋湾5个枢纽，对唐河省界至社旗段河道进行渠化，对局部不满足通航水深和弯曲半径的河段采取疏浚、切滩、裁弯取直等工程措施进行整治，对碍航桥梁进行改建，使唐河省界至唐河县城段达到Ⅳ级航道标准，唐河县城至社旗段达到Ⅴ级航道标准。

申运河、沙颍河等船闸改扩建、航道整治重点项目陆续完工或加快建设，全省"两干三支"高等级航道主骨架基本形成，"五条区域性重要航道"建设加快推进，航道总里程达6612km，通航里程达5729km。《安徽省贯彻落实淮河生态经济带发展规划实施方案》以建设淮河水道为目标方向，主要任务包括"加强淮河干流及重要支流、引江济淮等高等级航道建设，消除'断头航道'，强化淮河通江达海能力。实施涡河、涡河等省内重点航道整治工程，改善沙颍河、泉河、新汴河、窑河—高塘湖、茨淮新河等航道通航条件，提升蚌埠淮河航运枢纽功能，研究淮南淮河航运枢纽建设，协同周边省市争取尽快打通淮河直接入海航道，构建淮河流域通江达海水运交通网。加强淮河流域港口基础设施建设，实现区域内港口与内河航道协调发展。统筹整合港口资源，加强港口集疏运配套设施建设，加快建设功能互补、联动发展的港口群"。

安徽省水运干线航道布局以横贯全省的长江干线、淮河干流、纵穿南北的沙颍河—江淮运河—合裕线—芜申运河为核心，以其他Ⅲ、Ⅳ级航道为延伸，形成沟通沿江沿河，连接长江沿线及沿海地区的"一纵两横五干二十线"全省干线航道。其中"一纵"指沙颍河—江淮运河—合裕线—芜申运河段，淮河流域以江淮运河为主，规划中起于入淮河口，经过派河口、忠庙，最后连接长江；"两横"即长江干线和淮河干流，其中淮河干流起于三河尖，以临淮岗为枢纽，流经红山头；"二十线"分为长江水系和淮河水系，其中淮河水系包括泉河（周楼—沙颍河口），沱河—新汴河，窑河—高塘湖，池河（山许闸—入淮河口）和白塔河（天长—安徽1号标）等（表3-3）。

表3-3　　　　　　　　　2018-2020年干线航道建设重点

序号	航道	主要建设内容
1	淮河干流	按Ⅱ级、Ⅲ级标准整治航道，建设临淮岗复线船闸，改建蚌埠老铁路桥
2	沙颍河	建设颍上、阜阳、耿楼复线船闸
3	合裕线	按照Ⅱ级标准改建裕溪船闸老闸和巢湖船闸老闸
4	芜申运河	按Ⅲ级标准整治航道，改造碍航桥梁
5	江淮运河	按Ⅱ级和Ⅲ级标准整治航道，建设派河、蜀山、东淝河等船闸，改造碍航桥梁
6	水阳江	按Ⅲ级标准整治航道，改造碍航桥梁
7	涡河	按Ⅳ级标准整治航道，建设蒙城、涡阳、大寺复线船闸，改造碍航桥梁

续表

序号	航道	主要建设内容
8	浍河	按Ⅳ级标准整治航道，建设临涣、南坪船闸、五河复线船闸，改造碍航桥梁
9	滁河	按Ⅳ级标准整治滁河干流金银浆以下段、驷马山干渠航道，建设乌江、襄河口、汉河集船闸，改造碍航桥梁
10	店埠河	按Ⅲ级标准整治航道
11	漳河	按Ⅳ级标准整治航道，建设鲁港船闸，改造碍航桥梁
12	皖河	按Ⅲ级标准整治皖河石门湖航道，改造碍航桥梁
13	顺安河	按Ⅲ级标准整治航道，改造碍航桥梁
14	泉河	按Ⅳ级标准整治航道，建设杨桥船闸
15	新汴河	按Ⅳ级标准整治航道，建设宿县、灵璧、团结闸船闸
16	窑河－高塘湖	按Ⅲ级标准整治航道，建设上窑船闸
17	新安江	按Ⅴ级标准整治妹滩至深渡航道
18	青通河	按Ⅳ级标准整治航道，改造碍航桥梁
19	秋浦河	按Ⅳ级标准整治航道，改造碍航桥梁

资料来源：《安徽省干线航道网规划（2018—2030 年）》

　　与淮河流域其他省相比，山东省内河等级内航道里程约 2182.7km，其中全省内河通航里程达 1150km，占全省河道总里程的 3%。目前山东内河航道快速发展，京杭运河泰安段具备通航条件，将航道进一步延伸；枣庄段万年闸复线船闸工程完成建设并投入试通航，实现京杭运河枣庄段双船闸通行，船闸通航能力倍增。《山东省推进运输结构调整工作实施方案（2018—2020 年）》中计划到 2020 年，基本建成济宁港、枣庄港、菏泽港、泰安港等内河港口群，初步形成以京杭运河主航道为主干、其他支流航道为补充的"一干多支、干支相连、畅通高效、通江达海"的内河航道网络，力争全省内河通航里程达 1250km。《山东省实施淮河生态经济带发展规划工作方案》要求"推进京杭运河主航道升级改造、湖西航道整治和复线、三线船闸建设，加快新万福河、白马河等支线航道建设。重点建设济宁主城港区跃进沟作业区物流园码头一期、微山港区留庄作业区、枣庄港峄城港区魏家沟作业区、菏泽新万福河沿线港区等内河港口"。

淮河流域山东段水运航道

　　一是新万福河航道。该航道是横贯鲁西南地区的东西向航道，其起点为新万福河关桥闸下400m，终点为新万福河河口，工程全长61.3km（菏泽段约20km），建设等级为Ⅲ级航道。新万福河作为京杭大运河的支航道，横跨菏泽、济宁两个地级市和5个县区。航道复航后成为社会生产物资运输的主要通道，对构建综合交通运输体系、带动周边经济发展具有重要作用。二是白马河航道。该航道位于淮河流域山东南四湖（微山湖）湖东支流，流经邹城市西部、微山县中部，注入南四湖（微山湖）之独山湖，全长60km，流域面积为1099km²。白马河线沿西南走向，其中邹城市境内通航里程30.5km，水路航线总里程为126km，主要航线包括：太平港—白马河口（30.5km）、太平港—纪沟（3km）、太平港—曹庄（4.5km）、太平港—纸房（14.5km）、太平港—鲁桥（22.5km）；太平港—果庄（9km）、太平港—马坡（16.5km）、太平港—两城（25.5km）。三是京杭运河（湖西航道）。京杭运河湖西航道为Ⅱ级航道，位于苏、鲁两省交界的微山湖湖西大堤内侧区域，北起南四湖二级坝的微山船闸，南至蔺家坝船闸，全长约为56.7km，沿途流经山东的微山县和徐州的沛县、铜山区。湖西航道目前处于整治扩建阶段，该工程完成后不仅能够提高内河航运如"北煤南运"能力，同时湖西航道作为"南水北调"工程东线方案输水线路之一，整治后可充分发挥防洪、排涝、灌溉等综合效益。

　　江苏作为水运大省，滨江临海且内河成网，长江横贯东西370km，京杭运河纵穿南北687km，全省内河Ⅲ级以上航道达2356km。江苏内河高等级航道里程、亿吨大港数量、船舶数量和内河航道密度等均居全国之首，内河港口达13个，因此江苏在内河航运上具有先天的资源和地理优势。《江苏省干线航道网规划（2017—2035）》提出"至2035年，高等级航道里程超过4000km，千吨级船舶通达全省90%以上的县级节点、80%以上的沿海主要港区和全部的沿江主要港区"的规划目标。江苏段航道网

3

第三章

淮河流域综合交通运输通道构建

呈"两纵五横"布局，其中淮河流域江苏段以"五横"中的徐宿连通道和淮河出海通道为主。

> **专栏7** **淮河流域江苏段水运航道**
>
> 徐宿连航道于2020年年中启动建设，起自徐州万寨港作业区，经京杭运河、陆运河、沭新河、古泊河等至连云港徐圩港区疏港航道，全程328km。宿连航道起自京杭运河宿迁城区段，止于连云港疏港航道（京杭运河—陆运河—东民便河—路北河—军屯河—淮沭新河—古泊河—连云港），其中宿迁段102.1km，连云港段22km，全长124.1km，按Ⅲ级航道标准建设。
>
> 通扬线航道位于苏北东南部，东至海安、南达南通、西止扬州，全程约300km，同时《淮河生态经济带发展规划》提出至2035年建立通扬线通道即包括通扬线及新江海河、通州湾港区疏港航道、洋口港区疏港航道、吕四港区东灶港疏港航道。与此同时连申线航道被称为江苏的第二条"京杭运河"和沿海"水上高速"，是江苏省第二条南北向千吨级水运大通道。连申线是作为长江三角洲高等级航道网和江苏省干线航道网的重要一纵，北起连云港，地跨盐城、南通、苏州、上海等城市，全长558km，连接灌河、通榆河、盐河、京杭大运河和长江等。

（三）公路通道

河南地处中原，是全国重要的综合交通枢纽。截至2018年底，河南省全省公路通车总里程达26.9万km，其中高速公路6600km，普通国省干线3.1万km，农村公路23.1万km。针对不同类型的公路网，河南省举措方式也不尽相同。在高速公路方面，以跨省通道和中原城市群核心圈加密路段、紧密圈联通路段为重点，继续加快高速公路建设，有序推进高速公路拥挤路段扩容改造；在普通公路方面，重点推进普通国道省际路段、连接城市组团关键路段和贫困地区低等级路段的升级改造，即加快升级以二级公路为主的国省道低等级路段改造，将部分重要路段升级为一级公路。在农村公路方面，实施农村公路畅通安全工程，加快县乡公路和桥梁建设，加快推进公路安全生命防护工程和"渡改桥"等工程建设，全面提升通村公路通达深度和服务水平。《河南省淮河生态经济带建设重大工程》中指出河南省淮河生态经济带公路通达能力提升的主要工程，即加快建设高等级、广覆盖公路网，围绕扩容主通道、打通"断头路"、疏通"瓶颈路段"，重点推进13个高速公路重大项目以及普通干线公路提质改造工程建设。

淮河流域河南段公路建设

一是商南高速公路（商丘—南阳）。此公路起于宁洛高速，接商南高速商周段，往西南经上蔡、遂平、西平、舞钢、方城，止于社旗与兰南高速相接，穿过周口、驻马店、平顶山、南阳四市。其中周口至南阳段于2020年正式开通，全长195.5km，采用双向四车道120km/h设计建设，起点位于商水县商周高速公路与宁洛高速公路交叉处，路线向西南分别经过周口市商水县，驻马店市上蔡县、遂平县和西平县，平顶山市舞钢市，南阳市方城县、社旗县、宛城区和城乡一体化示范区，终点位于南阳市北绕城高速北约4.9km处，与兰南高速相接，是目前河南省里程最长、单体投资最大、经过地市最多的高速公路。商南高速周口至南阳段穿越铁路4次（上跨漯阜铁路、京广铁路，下穿京广高铁、郑渝高铁），与宁洛、京港澳、焦桐、兰南等多条高速连接成网，形成了较为完善的高速公路运输体系，有利于充分发挥区域路网的整体效益。

二是淮信高速（淮滨—信阳）。此公路是河南省规划的12条东西向水平线的重要路段，也是大别山革命老区人民脱贫致富的重大交通建设项目。其东起大广高速公路，连接淮信高速公路淮息段，沿线向西经过息县、正阳、确山、明港，终点至信阳和沪陕高速公路相接。淮信高速公路全长103km，按双向四车道高速公路标准建设，通车后不仅改善了沿线人民的出行环境，而且对帮助群众脱贫、发展经济、服务民生具有重要影响。淮信高速息县至邢集段作为连接大别山革命老区的重要交通运输通道，横亘在豫南腹地，全长98.5km，经信阳市息县，驻马店市正阳县、确山县，信阳市平桥区，西与沪陕高速公路相接，连接皖江经济带和中原经济区两个国家级主体功能区，是河南规划的帮助老区人民脱贫攻坚的重大交通工程。

　　山东省公路事业飞速发展，新中国成立之初，省内能正常通行汽车的公路仅有 3152km，其中绝大部分为土路，晴雨通车里程仅为 65km。经过 70 年的建设，全省公路事业实现了跨越式发展，高速公路纵横齐鲁，2020 年底通车里程达 7400km；国省道路连线织网，全省普通国省道里程 1.96 万 km，连接全省所有县级以上节点，覆盖了 90% 以上乡镇和重要旅游景区；农村公路进镇入村，全省农村公路总里程 24.78 万 km，农村公路密度达 155km/100km^2。

> **专栏 9**　　　　　　　　　**淮河流域山东段公路建设**
>
> 　　（1）山东省淮河流域公路改建工程
>
> 　　一是京沪高速（莱芜至临沂段）改扩建工程，该工程全长 232.558km，全线采用双向八车道高速公路标准建设，起自京沪高速公路与滨莱高速终点交会的莱芜枢纽，途经济南市莱芜区、钢城区，泰安新泰市，临沂市蒙阴县、沂南县、兰山区、高新区、罗庄区、兰陵县、郯城县，在鲁苏省界收费站与京沪线江苏段顺接，建成后将成为山东省真正意义上的南北大通道。
>
> 　　二是京台高速公路泰安—枣庄段改扩建工程。京台高速即由北京通往台北的高速，全长 2030km，是一条首都放射线，其由德州进入山东境内，经济南、泰安、济宁三市，由枣庄驶出山东。其中泰安—枣庄段全长 361km，是山东省在建高速公路中里程最长、投资最大的项目，共分德州到齐河段、齐河到济南段、济南到泰安段、泰安到枣庄段 4 段进行建设，目前德州到齐河段、泰安到枣庄段正在年内开工，齐河到济南段、济南到泰安段正常通车，计划年内施工。本次改扩建将大大提升京台高速通行能力和服务水平，对促进区域经济发展，加强山东与京津冀、长江经济带的联系具有重要作用。
>
> 　　（2）山东省淮河流域公路通道
>
> 　　一是枣菏高速，该高速横贯鲁南、鲁西南地区，是山东省"九纵五横一环七射多连"高速公路网中"一环"的重要组成部分。其东起京台

高速滕州市，途经枣庄、济宁、菏泽三市八县（区），衔接京台、济微、济徐、德上、济广、日兰6条高速，线路全长187km。枣菏高速通车后，枣庄至菏泽通行时间大大降低（4h缩短至1.5h）。因此，枣菏高速既是区域融合发展的重要动脉，也是沿线百姓翘首以盼、顺遂民心的民生工程，对于加快鲁南经济圈交通基础设施互联互通、推动鲁南经济圈经济社会高质量发展具有重要意义。

二是新台高速，此高速起于京沪高速与泰新高速交叉的新泰枢纽立交，沿途将经过泰安市新泰市、临沂市蒙阴县、平邑县和枣庄市山亭区、枣庄市市中区、枣庄市峄城区、枣庄市台儿庄区七个市区县，路线全长约156km，是山东省"九纵五横一环七连"高速公路网规划中"纵五"的重要组成路段。

三是岚罗高速，此高速是山东省"八纵四横一环八连"高速公路网的重要组成部分，起自日照市岚山区潘庄东，向西经过日照市岚山区和临沂市临港区、临沭县、河东区、罗庄区，在终点与已建成的临枣高速相接，全长104.7km，与临沂至枣庄、枣庄至菏泽等高速公路共同组成山东省高速路网的"南环"，并与南北向的沈海、长深、京沪等高速公路相交，使区域路网有效连接，形成完善的井字形高速公路网。

安徽省地理位置优越，具有"左右逢源"、双向多维的特殊区位优势。截至2019年底，全省公路总里程达218295km，比上年增加1万km；全省高速公路总里程达4877km，其中，一级公路里程达5377km，二级及以上公路里程达21930km，全年新增高速公路41km。安徽省公路网规模稳步增长，到2020年，安徽省高速公路总里程达5200km。不仅高速公路建设稳步推进，市与市之间形成了网格状路网结构，高速公路骨架路网初步形成，而且农村公路服务能力也在显著提高，重点发展县乡公路升级改造、通村公路建设、农村公路危桥改造和安保工程等工作，农村公路建设不断加快。《安徽省贯彻落实淮河生态经济带发展规划实施方案》以优化公路运输网络为目标，加快实施高速公路网扩容、国省干线公路提级、农村公路扩面延伸工程，打造以高速公路为骨架、国省干线和农村公路为支撑的公路运输网，谋划推动跨淮河综合交通通道建设，提升域内、域外互联互通能力。

　　　　　　　　淮河流域安徽段公路建设

一是合淮阜高速，全长 191km，北起阜阳南郊四十铺，终点在合肥蜀山区井岗镇接合宁高速公路，途经合肥、六安、淮南、阜阳四市。该高速将有效地提升皖中到皖西北的陆上交通联系，同时很大程度上减轻了国道 206 合肥到淮南段的交通压力，对进一步优化安徽省高速公路网和加强合肥作为重要的交通枢纽有着重要作用。

二是蚌淮高速。起于滁州市凤阳县刘府镇，经凤阳、淮南，接京台高速合徐南段与 206 国道，到达淮南市田家庵区曹庵镇，与合淮阜高速公路相接，全长 41.9km，其中淮南市境内长约 22km。蚌淮高速是安徽省规划高速公路网"四纵八横"的第二纵（蚌埠—黄山并行线）的重要组成部分，其不仅有效缓解了京台高速合徐南段、国道 206 的交通压力，还与合肥、淮南、滁州、蚌埠等城市相连，对促进区域社会经济发展具有重要意义。

三是周六高速公路，周集至六安高速公路，全长 91.452km，北起六安市霍邱县冯井镇，接阜周高速公路，向南经白庙、马店、河口、长集、罗集、徐集，终于六安市裕安区城南镇二天门，其连通了阜周、合淮阜、合六叶、六潜、高界 5 条高速公路，对于增强公路运输能力、改善交通运输环境具有十分重要的意义。

江苏省公路交通发展迅速，规划的"四纵四横四联"高速公路网主骨架全面建成。截至 2018 年底，全省公路总里程达 15.9 万 km，其中高速公路 4711km、一级公路 15081km、二级公路 23439km、三级公路 16261km、四级公路 96805km、等外公路 2432km。根据《江苏省高速公路网规划（2017—2035 年）》，到 2035 年，江苏高速公路将由"五纵九横五联"发展到"十五射六纵十横"，总里程达 6000~7000km。

淮河流域江苏段公路建设

（1）淮河流域江苏段公路通道

一是江苏沿海高速，即沈阳至海口高速公路江苏段，北经苏鲁界河锈针河接同江至三亚国道主干线（山东境）汾水至日照高速公路，南接建成的苏通长江公路大桥，并与宁启高速公路交叉，途经连云港、盐城、南通三市，路线全长 403.28km。其中连盐高速作为其中的一部分，起自汾灌高速公路的终点灌云北互通，经灌云、灌南、响水、滨海、射阳，止于盐城市南洋镇，全长 152km，与盐通高速公路、苏通大桥相连，大大减轻了沿海地区的交通运输压力。

二是盐淮高速，为盐洛高速公路的一部分，起于盐城市，终于淮安，直接沟通京沪、宁靖盐和江苏沿海三条纵向高速公路，全长 104km，与徐宿、宿淮高速公路共同构成横贯江苏中部的交通大动脉。

（2）淮河流域江苏段预建公路

连宿高速（连云港至宿迁高速公路），该公路起点位于连云港徐圩港区，经灌云县、沭阳县、宿豫区，终点宿迁市，总长度约 140km。其中，沭阳至宿豫段起自沭阳县京沪高速公路，终点接宿迁市新扬高速，路线全长约 49.2km。由于宿迁与连云港之间既没有高速，也没有直达列车，因此连宿高速的建立能够方便两地及沿线地区的人员往来和经济交流，既是东陇海国家级综合运输通道的重要支撑，也是淮河生态经济带的重要走廊。该公路建成后，将完善苏北东西向高速公路网，对苏北腹地的经济发展起到积极推进作用。

二、淮河流域运输通道优化

针对淮河流域运输通道建设、运营、结构和功效等方面存在的问题，下一步既要继续推动主要和关键区域通道建设，也要深入提高通道利用效率和发挥通道经济社会效能等方面。

1.优化完善运输通道布局

淮河流域通道建设要与"淮河生态经济带"的建设相匹配，兼顾近期发展机遇与中长期发展目标的稳妥推进，满足沿线城市经济社会发展需求，有序强化通道的延伸能力。相比而言，淮河流域部分地区交通网络还不够完善，要站在连接所有地区、覆盖水陆空的高度来谋划布局。像北接丝绸之路经济带、南连21世纪海上丝绸之路、协同衔接长江经济带的西部陆海新通道、联通亚欧大陆的中欧班列就体现了这一思路。

2.加强高铁、地铁等新型交通方式建设

在铁路货运中，高铁货运最为"年轻"，潜力和空间都很大。从长远看，我国利用全球最发达的高铁网来发展高端货运，有利于为畅通国民经济循环提供高效、节能、稳定的运输支撑。随着我国高铁速度的举世瞩目，淮河流域不少城市陆续进入了高铁、地铁城市行列。

专栏 12　　　　　　淮河流域高铁、地铁建设

（1）淮河流域城市高铁建设

淮河流域河南段的周口作为河南人口大市，在郑阜高铁开通后，从原来没有一座高铁站，逐步"批量"开通扶沟南、西华、周口东、淮阳南和沈丘北5个高铁站。同时，串联豫、鄂、渝3个省市的郑渝高铁作为贯通中原、华北、东北、西南地区的交通大动脉，其开通结束了南阳不通高铁的历史，使南阳融入以郑州为中心的省内"1小时经济圈"和全国"八纵八横"高铁网中。不仅如此，郑渝高铁的建成还极大拉近了平顶山市与华北地区、西南地区的联系，使得平顶山市也正式进入了"高铁时代"。

（2）淮河流域城市城际铁路建设

一是淮宿蚌城际铁路，该铁路位于安徽省北部，线路起自淮萧联络线淮北北站，沿途设淮北西站、宿州西站、双堆集站、固镇南站，终至蚌埠南站，全长约160km，于2019年底正式进入建设实施阶段，是一条以区域城际功能为主、兼顾路网功能的高速铁路。二是淮宿阜城际铁

路，该铁路位于安徽省北部，线路东北接轨淮宿蚌城际铁路双堆集站至宿州、淮北方向，东南接轨淮宿蚌城际铁路永镇线路至蚌埠方向，往西南行经蒙城与亳州方向，经利辛引入阜阳西站，形成徐州—淮北—阜阳方向、蚌埠—阜阳方向运输通路，正线全长约 139.6km，共设车站 4 座，其中新建车站 2 座（蒙城、利辛）。

3. 形成多途径运输通道结构

目前淮河流域运输方式的结构性矛盾仍较突出，中长距离货物及大宗货物运输多以铁路和公路为主。应加强和完善各种运输方式衔接，提高运输方式转换效率，形成多式联运发展模式。应用先进的科学技术、组织管理手段等对通道进行深度挖潜和精细化改造，提升运输通道对资源配置的系统效率和整体效益，摒弃运输通道只局限于单纯运输功能的思想，大力发挥通道的经济社会发展引领功能。

第四章　淮河流域交通运输枢纽建设

第一节　运输枢纽概述

一、运输枢纽的定义

交通枢纽主要指交通网络的主要节点或大通道网端，是区域的交通网络中心。交通枢纽强调的主要是交通网络的汇集和连接，用以满足交通流的继续或改变流向的要求。

和交通枢纽不同，运输枢纽主要指运输网络中有较大规模客货运输生成源的重要节点，是由一组或多组客货运输场站构成的，为进行客货运输生产和为旅客或货主服务的公共运输基础设施。其规模主要取决于当地的对外运输量和中转量，也与整个运输网络的组织模式有关。运输枢纽形成的根本前提是所在地区有较大的客货运输需求生成源，是区域客货流的主要汇点和中转地，而不仅仅是交通网络的节点。

因此，运输枢纽是连接两端运输过程的平台和纽带，是进行一体化运输的关键，是建设在某一地区，为客货运输在不同环节中衔接和中转换乘服务的基础设施。它一般由多个中心站点和若干辅助站点组成，并以短途交通线相连接，是大量运输设施和设备组成的复杂有机体。

> **专栏1　交通枢纽和运输枢纽的关系**
>
> 运输生产必须依托载运工具的交通运行来完成，交通流产生于客货流，运输枢纽站场既是进行运输生产组织的具体场所，同时又是公共运

输载运工具（除了直接的门对门运输以外）在交通枢纽内发生、到达、通过、停靠的具体物理点，是与交通网络相配套的基础设施，是交通枢纽节点功能的具体体现和落实。尽管运输枢纽的规模主要取决于当地的运输量和中转量，但是它的形成必须要有相应发达的交通运输网络作为基础和前提，否则形不成运输枢纽。运输枢纽规模较大的城市必定是网络的重要节点和交通枢纽城市，但反之并不一定成立，即有主要以交通流通过为主交通枢纽城市。

现实中，把多种运输方式站场统一集中布局形成的大型综合性功能体也称作综合交通枢纽（实质上是综合运输枢纽），而且城市交通中，也是把多种交通方式（实质上是运输）站场一体布局建设的称作"交通枢纽"，对于这一事实只能顺其通俗叫法，但要加上具体地名加以界定区分，区别于枢纽节点城市，如上海虹桥综合交通枢纽，北京西直门交通枢纽。

运输行为包括两个部分，一个是动态部分，一个是静态部分（图4-1）。动态部分由交通运输工具（汽车、火车、船舶、飞机）和被运输对象（旅客、货物）构成，交通运输工具是进行运输行为的直接对象。静态部分由运输通道和运输枢纽构成，运输通道作为连接各个运输枢纽间的对象，沟通起各个不同的运输枢纽，运输通道和运输枢纽一起，共同构建了交通运输网络，是交通运输工具进行运输行为的必要前提。

运输枢纽作为交通运输网络中的静态节点，是交通运输规划中最为重要的一员。运输枢纽和它所在的城市并不完全等同，运输枢纽主要由城市内汽车站、火车站、港口、机场以及城市内各类路网组成。在运输枢纽内部，人们可以办理各式各样长、短途不同的货运或客运手续，也可以进行到发、中转、装卸、编组、保养、维修的综合作业。

运输枢纽和它所在的城市相互依存，运输枢纽是城市实现对外沟通和交流的桥梁和纽带。运输枢纽以其所在城市为中心，承担附近区域内货运与客运的汇集与中转功能，需要城市存在一定规模的人口、经济、基础设施进行支撑。对于一座城市来说，可以承担运输枢纽的职能，是体现其区域综合实力的最好的象征。

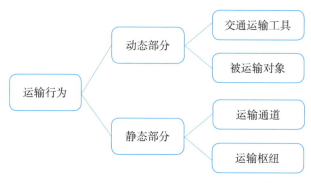

图4-1　运输行为结构

二、运输枢纽的功能

运输，自人类文明具有一定的规模开始，便一直在人类文明的发展历程中扮演着重要的角色，占据着关键的地位。

专栏2　　　　　"双十一"和物流运输

"双十一"源于淘宝（天猫）进行的网络促销活动，发展到现在，已成为互联网全网甚至网下也进行的购物狂欢节日，11月11日（双十一）淘宝、天猫、京东、苏宁、拼多多等电商购物平台在这一天的成交量都在快速地增长。2020年"双十一"期间（11.1—11.11），阿里天猫累计成交额4982亿元、京东商城累计成交额2715亿元。

"双十一"期间快递包裹数量是日常包裹数量的几倍，快递数量的剧增，给予物流运输网络窒息般的压力，导致发货、配送效率迟缓；由于短时间需要处理完成的包裹量较大，暴力分拣的现象常常发生；物流信息更新缓慢，物流服务满意度下降的问题早已是老生常谈。

近几年为解决"双十一"带来的物流运输问题，保障人民群众的物流运输服务体验，物流网络也提出了一系列措施，包括提前预估双十一快递量，优化运输、配送设施体系；强化自动化分拣技术，建设智能化物流系统；提升电商物流之间的合作交流，实现信息共享，合理调控快递量；强化物流配送管理，多方式进行物流配送；加强校企合作，为学生下企业实践提供平台，助力企业实现双赢等。这些措施极大地缓解了"双十一"的物流压力，对"双十一"的购物体验有了极大提升。

专栏3 **驿站与帖木儿帝国**

1370—1380 年，帖木儿在河中地区取得稳固的统治之后，先后入侵了金帐汗国、伊利汗国、察合台汗国、北印度、奥斯曼土耳其帝国，建立了一个地跨欧亚非的大帝国。

能在这么短的时间内建立起一个如此庞大的帝国，帖木儿的驿站制度功不可没。帖木儿帝国的驿站围绕着帝国中央撒马尔罕呈放射状向各地展开。各驿站由其所处的地理位置不同，可以分为大站和小站，大站分布在一些较大的城市里，例如塔布里士、苏丹尼叶等，在大站之间设置若干小站。小站和大站一起，相互连接，形成一整套周密而健全的驿站体系，保证了"帖木儿之使者邮卒，昼夜奔驰，所至有马可换，无须中途休息"。

帖木儿帝国幅员辽阔，帝国境内各地自然环境、人口构成差异很大。帝国各个部分天然存在着离心力，只有通过强大的中央才能把帝国的各个部分凝聚起来。为此，帖木儿帝国建立和实施驿站制度，帝国各个部分的信息可以通过驿站快速传入撒马尔罕，撒马尔罕的政令也可以通过驿站下达到帝国的各个部分。驿站对整个帝国的统治发挥了重要作用，帖木儿不但可以通过各地驿站有效地控制帝国，而且驿站为帖木儿帝国的对外扩张提供了迅速而准确的信息情报。帖木儿帝国遍设驿站，维护了帝国的统治，加强了各地之间的联系，也促进了东西方在政治、经济、文化等方面的互相交流和发展。

专栏4　　　　　　　　　汉尼拔与后勤补给

汉尼拔是迦太基的著名将领，在第二次布匿战争中多次对罗马取得大胜，但最终汉尼拔还是在扎马战役中失败，迦太基对罗马投降，第二次布匿战争以罗马的胜利告终。汉尼拔的失败，究其根本，在于后勤。

第二次布匿战争中，汉尼拔的主战场在意大利，而迦太基则位于北非，从迦太基把后勤补给运往意大利，要么走地中海海运，要么走西边伊比利亚半岛陆运，走伊比利亚半岛陆运要绕很大的一个圈子。第一次布匿战争中，罗马已经把迦太基的海军消灭殆尽，牢牢控制了西地中海的制海权。迦太基本土要支援在意大利作战的汉尼拔，只有走伊比利亚半岛，翻越阿尔卑斯山脉的一条路线。

迦太基没有一个完善的后勤补给系统，这样的一条运输补给线对于迦太基来说实在是过于漫长。汉尼拔在意大利多年奋战，只从迦太基得到过很少的支援补给——仅有4000名努米底亚骑兵与40头战象。战争中兵员的损失，粮草的不足，都要汉尼拔自行解决。纵使再过于天才的将领，在深入敌方作战、没有强有力的后勤补给通道和运输枢纽的情况下，不能一击制胜，失败只是时间的问题。

运输枢纽最基本的功能，是对货物和旅客进行收发。从对货物和旅客进行接收，并再对旅客和货物发出的基础上，运输枢纽衍生出了对大宗客流及货流进行中转、换乘、换装或者集散的功能。从运输服务的被服务方来看，运输枢纽是对旅客或货物进行收发和中转的重要载体。从运输服务的提供方来看，运输枢纽是对营运车辆、船舶、飞机等进行技术作业和调节的重要基地。

运输枢纽的功能不仅仅只针对货物和旅客的运输，在旅客到达运输枢纽，再到旅客离开运输枢纽的时间内，运输枢纽需对旅客提供合适的环境及相应的服务，包括提供可选择的饮食、提供货物堆放和储存场所、提供货物包装与处理服务等。除此之外，办理运输手续、货物称重、路线选择、路单填写和收费、旅客购票及检票、运输工具的停放、技术维护和调度等，也是运输枢纽的基本职能之一。

三、运输枢纽的历史性成因

（一）交通带动城市（郑州）

郑州是中原经济区的中心城市，长江以北经济发达的省会城市，是国家重要的综合交通枢纽城市。它位于河南中部，北邻黄河，西靠嵩山，东南边毗邻黄淮平原，东边坐落着"七朝古都"开封，境内流经 124 条河流，分属于黄河和淮河两大水系。郑州历史悠久，明朝划归为开封府所属，清末时人称郑县，是一个人口仅 2 万、面积仅 2.23km^2 的小县城。

郑州的崛起始于清末，受益于京汉、陇海两大干线铁路的建成，可以说郑州是一座火车拉来的城市。1895 年甲午战败，湖广总督张之洞上奏朝廷，要修建一条由京师通往武昌的铁路。途经河南省内黄河段，铁路要过河，从哪儿过是一个问题。开封附近黄河河床悬于空中，修建跨河大桥技术困难；洛阳则群山坐落，凿通山壁成本太高。最终选在了郑州北郊的荥泽口。1905 年郑州黄河大桥建成，第二年京汉铁路通车。1909 年 12 月连接洛阳和开封的汴洛铁路也完成通车，后汴洛铁路收归陇海铁路。郑州成了连接南北、横贯东西的铁路交通要道。铁路运输速度快、货物量大、成本相对低廉，是发展商品贸易得天独厚的利器。随着两条干道铁路在郑州交会，郑州也成了全国大宗货物的集散地，主要围绕棉花、粮食、中药和部分轻工业制品。然而抗战爆发，京汉、陇海铁路先后被波及，工厂外流，郑州经济一落千丈。新中国成立后，郑州也经历了八十年代棉纺业辉煌的黄金年代，但最终还是因为技术等诸多原因最终走向了衰败。

如今，郑州已然迈向了国际化。郑州建立了以郑州东站为核心、辐射欧亚的"米字形"高铁线路，它同时连接多条城际铁路、地铁线路，并且与新郑航空港实现空路一体化快速交通网络衔接联动，真正做到了零换乘、无衔接。如今，郑州的机场客运吞吐量达到 3300 万人次，货邮吞吐量达到 53.2 万 t，中欧班列年开行 1100 班次，全市跨境电商交易额增长 20%，铁海联运班列在郑州海关报关达 1.2 万标箱。因此，可以说无论近代还是现代，是交通带动了郑州这座城市的崛起。

（二）城市选定交通（北京）

清末北京称作"应天府"，是清朝的都城，皇城的所在。在清末，北京是中国当之无愧的第一城，在北京的人口、经济和政治力量的参与下，首条不使用外国资金及人员，由中国人自行设计、自主建造、投入营运的铁路——京张铁路，于 1905 年 9 月开工修建， 1909 年建成。京张铁路连接北京丰台区，经八达岭、居庸关、沙城、宣化等地至河北张家口，全长约 200km。

新中国成立前，北京仅有京沈、京汉、京包三条铁路，且线路年久失修、设备老旧。新中国成立后，北京作为全国的政治文化中心，需要加强与各地的交流往来，铁路成为首选的交通方式。

为将北京建设成全国性的铁路交通枢纽，铁路部门在保有原有设施的基础上进行铁路新建和扩建。1952 年 10 月，丰沙铁路动工，三年后的 11 月正式通车。随后，京承线也于 1959 年铺轨通车。此后，又陆续新建了京原、京秦、京通线等。北京枢纽的干线从原有的 3 条增加到 8 条。在大力修建新干线的同时，还拆除了旧的环城支线，并且新建了 15 条连接各干线的支线，以及若干条专用线。至今，我国已形成了以北京为中心的全国性的铁路交通网络。

四、国外运输枢纽建设

我国运输枢纽的建设较晚，理论研究不够先进，而发达国家的运输枢纽建设是市场充分竞争的结果，具有一定的代表性，因此我国应充分借鉴和参考发达国家运输枢纽建设的经验，实现运输方式的合理分工和协调发展。

法兰克福机场枢纽

法兰克福机场是一座国际型的枢纽机场，位于莱茵河区域。它不仅是欧洲所有机场中转比率最高、中转旅客数量最多的机场，同时它也是欧洲境内货运航班量相对较多的集散点，以其为中心 4h 之内可以覆盖欧洲的主要城市，且距离欧洲中心区不超过 2h 航程，对外可以通过中转到达非洲、美洲、澳洲等大部分国家和城市，辐射范围广。

法兰克福机场衔接的地面交通方式主要为高速公路、区域铁路和高速铁路。1998 年汉莎航空与德国铁路签署 MOU 计划，目的是实现短途"空铁联运"。次年，法兰克福机场航空铁路联运中转站建成，实现航空与铁路交通运输方式的无缝衔接，使"空铁联运"换乘衔接时间缩减至最小。通过提供"空铁联运"服务，强化了法兰克福机场的枢纽功能，扩大和加强了腹地范围，稳固了市场资源。2003 年汉莎航空公司取消了至法兰克福机场 35% 的支线飞行，使得机场大幅度拓展辐射范围，在以机场为中心的 200km 之内，覆盖约 0.35 亿人口，这比任何一个欧洲航空枢纽的覆盖范围都要大。

戴高乐机场枢纽

戴高乐机场坐落于巴黎东北部，离市区直线距离 25km，是一座 4F 级的大型国际枢纽机场。机场总面积达 3257 万 m^2，拥有 3 座客运主航站楼、6 座航空货站，其中 T1 航站楼外围绕 7 个卫星厅，T2 航站楼由 7 座子航站楼（TEMINAL2A-2G）组成，还包括 K 指廊及 L、M 卫星厅。第一航站楼和第二航站楼之间由机场穿梭铁路连接，第二航站楼内建有通向巴黎市的高铁站，场内交通还可通过穿梭巴士，各航站楼外均设有出租车上客点，且站楼间共分布有 10 个停车场，可供市民使用。戴高乐机场有 300 万 m^2 用于货运，C1-C6 六座航空货站可满足年货运吞吐量 3600 万 t 的使用需求。因此，戴高乐机场完美融合了普通铁路、高铁和航空，它作为一个典范性的综合交通枢纽，有效地完成了客运和货运的集散。

五、我国运输枢纽发展现状

交通枢纽的发展是以干线运输方式的发展为前提，并伴随干线运输方式的多样化、现代化而不断发展，先后形成了港口枢纽、铁路枢纽、公路枢纽、航空枢纽等。近年来，随着各种交通方式自身不断向高级化发展，同时社会经济发展和居民出行对交通系统的要求也越来越高，运输系统综合化、一体化已是交通业发展的必然之路。在此背景下，综合交通运输枢纽逐渐成形。综合交通运输枢纽可分为港口型交通运输枢纽、机场型交通运输枢纽、公路场站型交通运输枢纽和铁路车站型交通运输枢纽。1984年国家科委发布的《交通运输技术政策》蓝皮书中提到应当尽快建立经济合理、协调发展的现代综合运输体系，发挥各种运输方式的优势。在此基础上，采用多种方式联运、减少换乘、突出经济效益的综合交通运输枢纽建设逐渐得到重视和发展。

"十五"期间我国综合交通运输体系在基础设施建设、运输能力和服务上取得了巨大的成就，但与适应国民经济发展的要求仍存在差距。这一时期，国家的重点围绕各运输枢纽的基础设施建设。紧接着，《"十一五"现代综合交通运输体系发展规划》便提出优化交通网络，兼顾运输公平和效率，创新管理体制。由此，我国紧张的交通状况得到了缓解。"十二五"期间，国内交通运输行业加快发展方式转变，主攻交通运输结构调整，加快科技进步和创新。此阶段的运输枢纽建设主要围绕引入新技术实现高效运输。《"十三五"现代综合交通运输体系发展规划》则强调加强交通方式的融合发展，提出了客运、货运站场等枢纽要实现零换乘和无缝衔接的具体要求。经过二十年的发展，当前我国国内的运输枢纽建设表现为以下阶段性特征：

运输枢纽建设水平差异明显。例如上海虹桥机场作为航空枢纽，与高速铁路、城际铁路、城市轨道高速、民用航空等多种运输方式达成集中换乘，构成立体化空间交通系统。而重庆江北国际机场开通的国际航线少，其客货运能力有限，制约了其作为航空枢纽的发挥。

由于早期规划不具有前瞻性，国内交通运输枢纽普遍存在交通方式衔接不紧密、人车混行、停车泊位不够、出入口设置不合理、非机动车组织混乱等问题。但部分运输枢纽已进行或正在规划二期工程改造，情况得到好转。

绿色化交通运输枢纽建设成效甚微。快速货物集疏运对缩短运输时间、降低运费、减少环境污染有着直接的影响。现阶段的技术和环境污染均对综合交通运输体系的优化产生了阻碍。

专栏7 **上海虹桥机场枢纽**

虹桥国际机场为我国建设的集多种交通运输方式为一体的现代化航空枢纽。对外集疏方式表现为航空、高铁、高速公路，对内衔接轨道为主、小汽车和出租车为辅的城市内部交通网络。它建有功能齐全的立体化枢纽空间，实行公交优先、立体换乘、专用通道、分类集散的交通原则。其内部通过楼梯、电梯、自动步道等实现换乘通道，其与长途巴士站、高铁站密切结合的空间布局，提高了交通运输效率。

专栏8 **南京南站枢纽**

南京南站占地面积45.8万㎡，是现今亚洲最大火车站，它汇集了京沪高铁、沪汉蓉铁路、宁安城际铁路和宁杭城际铁路四大客运专线，衔接沪宁城际高铁，形成了三场28条站线的特大型铁路客站。它同时还是集铁路、公路等多种交通方式为一体的大型综合客运枢纽。

南京南站的地下一层为站房设备、地铁站厅、商业开发层及市政配套车库。地下二层为地铁站台层，包含4条地铁线：地铁1号线、3号线南北贯通同台换乘，地铁S1号线、S3号线东西贯通。地面第一层分布有南京汽车客运南站、公交站、出租车候车区、旅游大巴停车点等，服务于客车、大巴等与铁路的换乘。地面第二层为铁路发车层。地面第三层连接高架桥。南京南站主要通过电梯、自动扶梯等实现乘客垂直换乘，这种立体化的规划方式，大大提高了交通运输的效率，南京南站成为我国第一个通过垂直换乘实现真正零换乘的交通枢纽。

第四章

淮河流域交通运输枢纽建设

第二节 淮河流域运输枢纽发展现状

一、淮河流域运输枢纽建设的必要性

淮河流域地处我国长江中下游与黄河中下游之间，古时候淮河流域的部分地区也称为淮海地区。自古以来，淮海地区便为兵家必争之地和商贾云集之地。自秦一统以来，淮海地区一直是中国不可缺少且至关重要的一部分。

淮河流域的面积为 27 万 km^2，总人口 1.7 亿，以全国 3% 的土地养活了全国 13% 的人口，人口密度为全国平均水平的 4.5 倍。此外，淮河流域北接京津冀，南邻长三角，西有长江中游城市群和中原城市群。形象地看，淮河流域相当于一圈经济高地里的经济洼地，周边经济高地的溢出效应带动了淮河流域的经济发展，其他经济高地之间的联系也要经过横亘于中间的淮河流域地区，这也刺激了淮河流域的经济需求。

高密度人口和愈发旺盛的经济需求，使得淮河流域成为中国经济潜能和发展潜力很大的地区。要致富，先修路。淮河流域人口众多，旅客运输负担重，且淮河流域承担着周边经济高地的货物运输需求。但该地已建成的交通运输网络无法高效承转流经的客货运输，这导致整个淮河流域的物流仿佛一台巨大的运行缓慢的机器，由于核心部件之间平添了多个环节而白白丧失了机能和效率。且受制于淮河流域当地的交通运输条件，该地区的人力资源优势和区位优势也无法得到充分和合理的利用开发。

现代物流对周转效率和成本提出了更高的要求。我国现已完成单运输枢纽向综合运输枢纽建设的转变，这种采用多式联运的综合枢纽可通过综合协调地整合资源，达到交通便利、货畅其流，可缓解淮河流域内的客货运周转压力。因此，为确保淮河流域经济稳步发展，推进经济内循环，淮河流域综合运输枢纽的建设迫在眉睫。

专栏 1　　　　多式联运（Multimodal Transport）

　　多式联运是达到货物整个过程最优运输方式的组织形式。多式联运通常以集装箱为运输单元，跨越了运输方式之间的界限，将不同的运输方式完美地结合在一起，构成连续的、综合性的一体化货物运输。

二、淮河流域运输枢纽现状

　　（1）公路。在中华人民共和国交通部综合规划司于 2007 年 8 月发表的《国家公路运输枢纽布局规划》中，确立了 179 个国家公路运输枢纽，包括 12 个组合枢纽，共计 196 个城市。其中，于 1992 年交通组织部编制的《全国公路主枢纽布局规划》所包含的 45 个公路主枢纽已纳入新的布局规划方案，并在国家公路运输枢纽体系中占据主导地位。其中，淮河流域规划交通运输枢纽包括江苏的徐州、连云港、淮安，安徽的蚌埠、阜阳，河南的商丘、信阳、漯河、周口，山东的济宁、临沂、菏泽、日照、德州、聊城等 15 个城市。淮河流域公路运输枢纽得益于中国经济的持续发展，已取得了良好的建设效果。其中徐州、蚌埠等城市已取得区域公路运输网络里的绝对枢纽地位。

　　（2）铁路。淮河流域人口多，密度大，地理区位优异且高通航等级河流较少。铁路运输是淮河流域居民进行长距离客货运输的不二选择。目前，淮河流域南北向有京沪线、京九线、京广线三条国家级铁路干线，东西向有陇海线一条国家级铁路干线。除此之外，郑徐客运专线、淮南铁路等铁路也为淮河流域的客运和货运提供了选择。淮河流域铁路建设的底子不差，多条铁路于新中国成立前便已成为淮河流域客货运输的大动脉。随着婴儿潮带来的劳动人口迅猛增长，以及改革开放持续深化带来的经济腾飞和人口流动性持续加强，已有的淮河流域铁路运输体系已渐渐无法满足淮河流域人民日益增长的客货运输的需要。

　　（3）水运。淮河流域现有通航河流 1000 多条，通航总里程约 1.7 万 km。淮河流域以淮河干流和京杭大运河为核心发展内河航道体系，拥有蚌埠港、徐州港、济宁港、淮安港、淮南港等多个主要港口。其中江苏省界范围内，拥有徐州港、淮安港、宿迁港、扬州内河港、盐城内河港、连云港内河港和泰州内河港共计 7 个港口，规划港口岸线总计 416.9km，已利用岸线 139km。根据《中华人民共和国港口法》和《全国内河航道与港口布局规划》，统筹考虑全省内河港口资源特点、区位条件和运输组织布局要求，全省内河港口规划为主要港口、地区性重要港口和一般港口三个层次，其中徐州港为主要港口，淮安港、宿迁港、扬州内河港为地区性重要港口，盐城内河港、连云港内河港、泰州内河港为一般港口。其中，淮安港具备发展成为国家主要港口的基础和条件，可以发挥主要港口的功能和作用。安徽省界内，淮河流域共有蚌埠港、淮南港、阜阳港、六安港、亳州港、宿州港、淮北港和滁州港 8 个港口，其中蚌埠港为主要港口，淮南港、阜阳港、六安港、亳州港、滁州港为地方重要港口，宿州港和淮北港为一般性港口。河南省周口市拥有刘湾港和周口港两大港口，其中刘湾港年货物吞吐量 80 万 t，周口港货物年吞吐量达 100 万 t，后者为河南省第一大港，作为连接安徽省的淮河流域上游港口，它承接上游客货运疏散的功能。信阳市淮滨县拥有河南省最大的综合性单体港口——信阳淮滨港，目前河南通江达海有两处港口，一个是周口港，一个是信阳淮滨港。信阳淮滨港是河南省前沿经济的桥头堡。山东省济宁港为国家内河主枢纽港，是全国内河 28 个主枢纽港之一，也是国家确定的京杭大运河 6 个重点建设港口之一，同时也将当作淮河流域的主要枢纽港口，承担集散客货运输的作用。

（4）航空。淮河流域目前拥有济宁曲阜机场、临沂启阳机场（山东省）、信阳明港机场（河南省）、阜阳西关机场（安徽省）、徐州观音国际机场、淮安涟水国际机场、扬州泰州国际机场、盐城南洋国际机场和连云港白塔埠机场（江苏省）共计 9 个机场。其中 4E 级机场两座（徐州观音国际机场、扬州泰州国际机场），4D 级机场三座（临沂启阳机场、淮安涟水国际机场、连云港白塔埠机场），4C 级机场四座（济宁曲阜机场、信阳明港机场、阜阳西关机场和盐城南洋国际机场）。其中针对盐城南洋国际机场"长三角城市群对韩特色机场、重要节点机场、江苏沿海中心机场、区域综合交通枢纽"的战略定位，《盐城南洋机场总体规划修编》计划至 2035 年将其建成 4E 级机场。

　　　　　　　淮河流域综合机场建设

　　《淮河生态经济带发展规划》明确规定：新建信阳机场、蚌埠机场、商丘机场、鲁山机场、亳州机场、枣庄机场、菏泽机场和一批通用机场，推进淮安航空货运枢纽建设，实施扬州泰州机场、徐州观音机场、盐城南洋机场、阜阳西关机场、临沂机场改扩建工程，推进连云港机场、济宁机场迁建，加快推进滁州机场、宿州机场建设前期工作。

三、淮河流域运输枢纽存在的问题

　　作为京津冀和长三角的过渡区域，淮河流域有着得天独厚的地理优势。但多数淮河流域中心城市的交通运输还处于相对独立、彼此竞争的综合运输初级阶段，随着产业转型、城市化、对外开放的不断加快，交通也将随之进入区域融合发展的中高级阶段，也随之显现出许多问题和不足。

　　沿淮河生态走廊高等级公路连接不畅，路面等级低，普通国省干线公路网络尚不完善。因技术标准较低，路面差，使得整个公路网络的通行能力低，制约了公路运输优势的发挥。淮河流域公路要适应经济快速发展的需要，提高公路的等级和技术状况刻不容缓。

　　淮河流域铁路存在的问题和公路不同，淮河流域公路存在的问题在于它的"质"，而淮河流域铁路存在的问题在于它的"量"。和淮河流域较高的人口密度相比，淮河流域的铁路干线实在是显得过于稀少，尤其是东西向，仅有一条陇海铁路，完全无法满足淮河流域人民庞大的东西向出行的需求。淮河流域铁路运输枢纽受限于铁路干线的分布，呈现出明显的以南北向沟通居多，东西向交流较少的状况，淮河流域铁路运输枢纽并未产生很好的集群互动，不利于当地铁路运输长久发展。

　　淮河水运优势没有得到发挥，淮河水道的航道等级不高，大型货轮无法经淮河水道通向内陆沿淮河区域，万吨级吃水深的江海直达船甚至无法通过淮河入海水道进入淮河水系，部分港航设施落后、效率不高，缺少多功能、综合性的港口枢纽。

淮河流域机场数量较少，机场等级不高，4E级机场仅徐州观音国际机场，4D级机场也仅有连云港白塔埠机场和连云港花果山国际机场。淮河流域其余机场均为4C级及以下。高等级机场不足，还存在公铁水空航运各自为战的问题，各种运输方式之间的联系和流转不够紧密和顺畅，这也造成客货运输周转低效率的问题。

第三节　完善淮河流域运输枢纽

随着经济高速发展，淮河流域产生了大量货物和旅客的运输需求。为实现高效率的运输、高效益的经济和高质量的服务，应在淮河流域的产业集聚区、运输通道的端点区域以及一些人口和经济规模较大的城市进行运输枢纽建设，形成布局合理、层次分明、系统功能完善的综合运输枢纽布局。

一、完善淮河流域公路运输枢纽

"公路是指经公路主管部门验收认定的城间、城乡间、乡间能行驶汽车的公共道路"。没有经过公路主管部门验收认定的不是公路，不能行驶汽车的道路不是公路，非公共的道路也不是公路。公路必须可以行驶汽车，但摩托车、自行车、畜力车等多种交通工具都可以在公路上行走。在交通不便的古代，公路没有限制，大多是简易公路。后来随着交通日益发达，限制性使用的公路逐渐增多，如高速公路。

公路运输枢纽是位于重要节点城市的公路运输中心，与高速公路网共同构成公路运输基础设施网络。公路运输枢纽由公路客运枢纽站场和公路货运枢纽站场组成，提供公共交通运输服务。

1992年，在公路、水路交通"三主一支持"长远发展规划的指导下，交通部组织编制了《全国公路主枢纽布局规划》，确定了全国45个公路主枢纽的布局方案。2004年12月，国务院审议通过了《国家高速公路网规划》。为适应新时期公路交通发展的要求，加快与国家高速公路网相协调，与铁路、港口等其他运输方式紧密衔接，实施布局合理、运转高效的国家公路运输枢纽的建设，在《全国公路主枢纽布局规划》的基础上，交通部制定了《国家公路运输枢纽布局规划》。45 个原公路主枢纽已全部纳入布局规划方案，成为国家公路运输枢纽的重要组成部分。

　　2007 年 8 月，交通部公布的《国家公路运输枢纽布局规划》，共确定 179 个国家公路运输枢纽，其中 12 个为组合枢纽，共计 196 个城市。《国家公路运输枢纽布局规划》覆盖 60% 地级以上城市和 84% 国家开放口岸，涉及所有沿海主要港口。在分布上，东部地区 61 个、中部地区 56 个、西部地区 62 个。国家公路运输枢纽能够提高运输能力和效率，促进工业化，加快信息化，服务现代化；服务现代综合交通运输，强化运输过程的无缝衔接；服务现代物流业发展，强化货运枢纽的物流功能；服务交通信息化建设，提供及时有效的客货运输信息。

　　《国家公路运输枢纽布局规划》在淮河流域确定了 15 个公路运输枢纽，包括江苏的徐州、连云港、淮安，山东的济宁、临沂、日照、菏泽，安徽的蚌埠、阜阳、六安，河南的郑州、开封、商丘、信阳、周口。基于淮河流域总体区位、资源禀赋、国民经济发展总量及在区域交通合作中的地位因素，确定以徐州、连云港、淮安、蚌埠、阜阳、周口、信阳、商丘、济宁、临沂、日照为核心的淮河流域公路运输枢纽建设方案。

1. 徐州公路运输枢纽

徐州古称彭城，历史悠久，自古以来由于其优越的地理区位，交通网络十分发达，素有"五省通衢"之称，为历朝历代兵家必争和商贾云集之地，是淮海地区的政治、经济、文化中心。建设徐州公路运输枢纽，要发挥好徐州铁、水、空运输的优势，建立一个可以辐射整个淮海地区、面向全国的综合性公路运输枢纽。

2. 连云港公路运输枢纽

连云港拥有良港，历史悠久，是新亚欧大陆桥东方桥头堡，是陇海线最东的端点。同三、连霍两条中国南北、东西最长高速公路在连云港交会。连云港是江苏"一带一路"支点城市、江苏沿海开发战略中心城市，建设连云港公路运输枢纽，要充分发挥连云港海运和陆运的优势，做好海运和陆运之间的承接转换工作。

3. 淮安公路运输枢纽

淮安是苏北重要的枢纽城市，坐落于古淮河与京杭大运河交汇点，产业基础好，是承接长三角产业转移的优秀选择。京沪、宁宿徐、淮盐、怀宿、宁淮等五条高速公路在淮安境内经过。建设淮安公路运输枢纽，要发挥淮安产业基础优势和公路网络优势，发展公路联运，服务本地经济，建成服务苏北、面向长三角的重要公路运输枢纽。

4. 蚌埠公路运输枢纽

蚌埠是全国性交通枢纽，是安徽省重要的工业城市。蚌埠境内拥有京台高速、宁洛高速、蚌合高速、徐明高速。在蚌埠的铁路、水运运输带动下，蚌埠的公路运输优势明显。建设蚌埠公路运输枢纽，要充分发挥蚌埠铁路、水运的优势，以铁路、水运辐射蚌埠的公路运输，依托蚌埠的工业基础，建成服务皖北、承接长三角、面向淮海地区的区域性公路运输枢纽。

5. 阜阳公路运输枢纽

阜阳人口众多，2019年末阜阳全市户籍人口 1077.3 万，常住人口 825.9 万。自然增长率为 8.67‰。境内有多条高速公路经过，包括宁洛高速、济广高速、滁新高速、阜淮高速、阜徐高速、合阜高速等。建设阜阳公路运输枢纽，要以阜阳的众多人口为依托，加强阜阳市内以及阜阳和周边地市的交流，充分激发阜阳人口多的经济潜力。

6. 周口公路运输枢纽

周口地处黄淮平原腹地，农业人口众多。建设周口公路运输枢纽，要到基层，用公路来贯通周口的脉络，激发周口的人口潜力。

7. 信阳公路运输枢纽

G106、G107、G220、G230国道与京港澳高速、大广高速、淮固高速公路纵贯信阳市境南北；G312、G328国道和沪陕高速、淮内高速公路横穿市境东西。京九、京广、宁西三条国家级铁路大动脉从信阳经过。建设信阳公路运输枢纽，要发挥京九、京广、宁西三条国家级铁路大动脉的优势，建设现代化的公路运输网络。把信阳打造成通南达北、承东启西的物流转运重要枢纽和陆上综合运输枢纽。

专栏2　　　　　　　　　信阳交通运输概况

截至2019年，信阳市公路通车里程23558km，其中高速公路518km。信阳市民用汽车保有量95.23万辆，其中私人汽车90.70万辆。轿车保有量33.30万辆，其中私人轿车31.82万辆。全年各种运输方式货物周转量（不含铁路）增长15.9%，旅客周转量（不含铁路）下降17.19%。机场旅客吞吐量72.85万人次。信阳2019年全年邮政业务总量16.68亿元，增长22.89%。快递业务总量4191.36万件，增长36.46%。

8. 商丘公路运输枢纽

商丘是中国历史文化名城、中华文明发祥地之一，是全国性的综合交通枢纽。境内有连霍高速、济广高速、济祁高速三条国家主干道高速公路。建设商丘公路运输枢纽，要充分考虑商丘市内的历史古迹，依托商丘的文化积淀和人口优势，建成服务豫东、皖北、鲁西南的区域性公路运输枢纽。

9. 济宁公路运输枢纽

济宁历史文化悠久，是儒家文化的重要发祥地之一，儒家创始人至圣孔子、亚圣孟子皆出生于此；水浒文化也是济宁的一张名片。济宁是山东省政府批复的淮海经济区中心城市之一，建设济宁公路运输枢纽，要充分考虑当地的文化旅游资源和地理区位，连通徐州，面向淮海地区，建立起以满足市内交通需求为主、服务整个淮海地区的公路运输枢纽。

10. 临沂公路运输枢纽

临沂常住人口达千万以上，是长三角经济圈与环渤海经济圈结合点，是全国重要的商贸物流中心，被誉为"商贸名城"和"物流之都"。建立临沂公路运输枢纽，要着重于城市间的物流运输，也要兼顾市内的旅客运输，辐射山东西南部，成为山东西南部的区域运输中心。

11. 日照公路运输枢纽

日照东隔黄海与日本、韩国相望，有日照港、岚山港组成的港群，是天然良港，环境优美。建设日照公路运输枢纽，要充分沟通西边的临沂、南边的徐州、北边的青岛，承担海运的需求，建设一个主要承担联系周边城市功能的公路运输枢纽。

二、完善淮河流域铁路枢纽

铁路是"使用机车牵引车辆组成列车（或以自身有动力装置的车辆）、循规行驶的交通线路"。铁路运输是一种陆上运输方式，以机车牵引列车在两条平行的铁轨上行驶。传统方式是钢轮行进，但广义的铁路运输还包括磁悬浮列车、缆车、索道等非钢轮行进的方式，或称轨道运输。铁轨能提供光滑且坚硬的媒介让列车车轮在上面以最小的摩擦力滚动，让乘客感到更舒适，而且它还能节省能量。如果配置得当，铁路运输可以比路面运输运载同一重量物时节省五至七成能量。而且，铁轨能平均分散列车的重量，使列车的载重能力大大提高。

铁路枢纽是在铁路各线交会处或与其他交通线路连接处，由客运站、编组站和其他车站，以及各种为运输服务的设施和连接线等所组成的整体。《中长期铁路网规划（2008年调整）》指出，按照综合交通枢纽布局和城市发展规划，加强主要客货枢纽建设，注重与城市轨道交通等公交系统以及公路、民航和港口等其他交通方式的衔接，实现旅客运输"零距离换乘"、货物换装"无缝衔接"和交通运输一体化。以北京、上海、广州、郑州、武汉、西安、重庆、成都等枢纽为重点，调整编组站，改造客运站，建设机车车辆检修基地，完善枢纽结构，使铁路点线能力协调发展。国家发展改革委、交通运输部、中国铁路总公司在《中长期铁路网规划（2016）》中明确提出：构建北京、上海、广州、武汉、成都、沈阳、西安、郑州、天津、南京、深圳、合肥、贵阳、重庆、杭州、福州、南宁、昆明、乌鲁木齐等综合铁路枢纽。

结合《中长期铁路网规划（2016）》对铁路枢纽建设的总体思路，同时考虑淮河流域区域发展现状和当前形势要求，确定以徐州、连云港、淮安、蚌埠、阜阳、漯河、信阳、商丘、临沂为核心的淮河流域铁路枢纽建设方案。

1. 徐州铁路枢纽

徐州是京沪铁路、陇海铁路两大铁路干线的交会点，郑徐客运专线、徐连客运专线已建成通车。徐州成为京沪高铁、徐郑高铁的换乘站。徐州铁路枢纽要成为沟通华东诸省与全国各地物资交流和连云港出口物资运输的路网性枢纽之一。

2. 连云港铁路枢纽

连云港是陇海线最东的端点，是新亚欧大陆桥东方桥头堡。连云港铁路枢纽要发挥连云港进出口物资长距离陆上运输的功能，重点在于货运。

3. 淮安铁路枢纽

新长铁路、宿淮铁路贯穿淮安全境。同时，连淮扬镇铁路、徐宿淮盐铁路两条高铁线路也于 2019 年建成通车，连淮扬镇铁路淮镇段 2020 年建成通车。淮安产业基础好、底子厚，毗邻长三角，周边区域经济发展好，外向度高。建设淮安铁路枢纽，要响应国家长三角发展战略，联系长三角经济发展；加强淮安东连西接、南下北上的中心区位优势；服务淮安经济持续发展。

4. 蚌埠铁路枢纽

蚌埠是京沪铁路上的中转大站，是京沪铁路、淮南铁路的交会点，自新中国成立以来就是铁道重地、工业重镇。蚌埠工业基础好，电子信息、高端装备制造、新能源、新材料等产业优势明显。建设蚌埠铁路枢纽，要发挥蚌埠的工业优势和区位优势，增强辐射能力和范围，建成服务皖北、承接长三角、服务淮海地区的铁路枢纽。

5. 阜阳铁路枢纽

阜阳及周边地市的人口数量多，密度大，大量的人口产生大量的客运和货运需求。铁路的运量大，价格低，是阜阳进行中长距离客货运输的选择。建设阜阳铁路枢纽，要充分考虑阜阳及周边地市的人口数量和密度，促进阜阳和周边地市及东部沿海区域的经济联系，支撑如春运等对阜阳带来的短时大量的铁路运输压力。

6. 漯河铁路枢纽

漯河是区域性交通枢纽城市，京广高速、京广铁路、漯阜铁路、漯宝铁路、范辛铁路经过漯河。漯河要充分利用这些铁路所带来的优势，沟通以漯河为中心的区域的对外沟通，连通中原城市群，支持周边地区产业升级。

7. 信阳铁路枢纽

信阳是中部地区经济文化交流的重要通道，处于中原城市群、武汉城市圈、皖江城市带三个国家级经济增长板块接合部和京广、京九"两纵"经济带的腹地。京广、京九、宁西三条国家级铁路大动脉在信阳交会。建设信阳铁路枢纽，要联系周边国家级经济增长板块，依托三条国家级铁路大动脉，打造连通中原城市群、武汉城市圈、皖江城市带的综合铁路枢纽。

8. 商丘铁路枢纽

商丘是因铁路而兴盛的一个城市，是贯穿中国东西、南北的陇海铁路和京九铁路的高铁普铁"双十字"交会城市。商丘铁路枢纽要建设成为沟通河南东部区域性的货运客运中转大型枢纽之一。

9. 临沂铁路枢纽

新菏兖日铁路、晋豫鲁铁路、胶新铁路等在临沂交会，鲁南高速铁路、京沪高铁二线、济莱临高铁等也要经过临沂，临沂要发挥区域性铁路运输中心的作用，服务以山东省西南部为主的广大地区。

三、完善淮河流域水运运输枢纽

水运运输是以船舶为主要运输工具，以港口或港站为运输基地，以水域包括海洋、河流和湖泊为运输活动范围的一种运输方式。水运至今仍是世界许多国家最重要的运输方式之一，其中港口作为它的运输枢纽，适用于周转大宗、低值、笨重和散装货物，构成连接铁路、公路、航运等的多联运输方式。

港口运输枢纽是以港口为依托，拥有相互紧密作业联系的运输节点设施，由经济、政策等外部环境和内在要素驱动，以运输中心、港城物流枢纽、国际物流枢纽等发展形态，并具备运输中转、仓储加工、临港工业、商贸集聚、信息处理等服务功能的货物运输设施群的综合体。随着改革开放的不断深入和经济迅速发展，航运在交通体系中的地位变得日益重要。我国土地辽阔，适航河流较多，里程较长，有着发展内河运输的先天优越条件。内河运输具备运量大、运距长、能耗小、运输成本低、投资少、效益好、占地少等一系列优点，符合可持续发展的要求。但由于航道级别过高、通航能力受限、港口建设滞后等因素，内河运输发展的速度相比铁路、公路的发展较为缓慢。对此，针对港口建设，《淮河生态经济带发展规划》建议要进一步提升港口专业化、集约化和现代化水平，积极发展主要港口，适度在淮河支线发展一般港口，推进河流、湖泊内河渔港建设，实现沿海、沿淮主要港口与内河航道、内河港口协调发展。

1. 蚌埠港

蚌埠市将以自贸区设立为契机，在蚌埠港的基础上，拓展码头后方片区，打造物流航运中心和综合口岸枢纽，重点发展航运物流、港口贸易等现代服务业，把蚌埠港建设成为皖北和淮河流域大宗商品交易及航运信息中心，着重突出蚌埠重要区域性综合交通枢纽的定位。蚌埠市作为皖北城市群对外开放、辐射全国的重要门户，应加速融入长三角一体化，有序承接长三角产业转移，成为战略性新兴产业和高技术产业集聚区及内陆对外开放新高地。

2. 淮安港

淮安港总体规划专项调整符合淮安港提出的"借港出海""海港内移"的发展思路，届时，淮安港将依托二类水路口岸，主动对接连云港港和上海组合港，进一步服务好"一带一路"倡议及长江经济带、沿海开发等国家战略和淮河生态经济走廊战略。根据政府定位，淮安港要发挥自身特点，契合内生发展需求，着力打造内河集装箱集疏运体系，扩大港口规模，推动口岸平台建设，推进新港三期及新港物流园规划，创新发展现代物流，着力打造江淮生态经济区、淮河生态经济带对接"一带一路"倡议的区域集装箱运输综合枢纽，形成城市仓储加工、冷链物流、绿色配送等综合服务物流节点，加快形成横向联动、纵向拓展、多方延伸的现代综合物流体系运输格局。

3. 淮滨港

2018 年 10 月，国务院正式批复的《淮河生态经济带发展规划》明确提出"支持淮滨打造内河水运口岸"。淮滨港濒临淮河主航道，是整个淮河航运的起点，被誉为"千里长淮第一港"。近些年，淮滨县依托国家战略，提出要发展为"滨淮福地临港强县"的奋斗目标，尝试发展临港产业，打造临港经济区，以此实现"港口—产业—城市"良性发展。核心工程淮滨港总占地 1500 亩，共设计 20 个千吨级泊位，年吞吐能力达 2080 万 t，总投资 12 亿元，截止到 2020 年 7 月已累计完成投资 7 亿元，初步形成了"一港六区一廊道"战略格局。淮滨县立足于"一带三核多节点"核心区域优势，以"公铁水空"四个通道入手，以"八大项目"为支撑，搭建淮滨立体物流的"四梁八柱"，打造淮河生态经济带重要节点城市和豫货出海集散地。

4. 徐州港

徐州作为北部淮海经济区中心城市，发挥连云港新亚欧大陆桥经济走廊东方起点和陆海交汇枢纽的作用，推动淮海经济区协同发展。高标准规划建设徐州淮海国际陆港，打造东西双向开放的内陆型国际中转枢纽港是徐州建设淮海经济区中心城市的战略支点和有力抓手。淮海国际陆港以铁路货运中心、亿吨大港顺堤河作业区为核心，依托陆路港、内河港、保税港、航空港和邮港打造集运输物流、跨境贸易、展示仓储、电子商务、金融服务、总部经济等于一体的淮海经济区国际中转枢纽陆港。

5. 济宁港

济宁港位于济宁市城区西部，京杭大运河东岸，是山东省内最大的内河港口，是"北煤南运、南货北调、集装箱运输"的大型航运物资集散地。它也是国家内河 28 个主枢纽港口和京杭运河六大港口之一，是区域性综合运输系统的重要组成部分，是鲁西南地区对外物资交流和晋东南煤炭外调的重要口岸和济宁市发展临港工业、运河经济带的重要依托。济宁港规划主城港区、微山港区、梁山港区、汶上港区、嘉祥港区、邹城港区、金乡港区和鱼台港区等 8 个港区，下设 25 个作业区，规划客货总泊位数 357 个，港区陆域总面积 1407.2 万 m^2。根据《济宁港总体规划（2013—2030 年）》，预计到 2030 年年吞吐量将达 1.35 亿 t，集装箱分别为 11 万 TEU 和 31 万 TEU，新增高等级航道 140km，通航总里程达到 1200km。

6. 周口港

周口港位于周口市东环路沙河桥南向东 800m，2005 年 12 月建成，2006 年 4 月投入使用。2019 年 6 月 6 日，随着周口港至淮安港集装箱货运航线的开通，周口港成为河南第一个内河集装箱港口。周口港设计年吞吐量 80 万 t，建有煤炭、件杂货泊位各 2 个，大件泊位 1 个，件杂低泊位 2 个，建有仓库 1080m^2，办公楼 900m^2，堆场硬化 5000m^2，港口共占地 174 亩。港口配备有 315kVA 变压器一台，港内用电设备采用 0.4kV 及 0.23kV 系统供电，能满足港口运营的需要。港区已安装自备井供水，生产、生活水源管道完善。码头靠泊过 1200 吨级的船舶。近年来，依托沙颍河得天独厚的内河水运优势，周口市确定了发展临港经济的重大战略部署。沙颍河航道周口段为Ⅳ级航道，升级改造后可达到Ⅲ级航道标准，常年可通行单船 2000 吨级、拖队 10000 吨级以上。周口中心港规划有东、中、西三个作业区，总投资约 45 亿元，建设 77 个千吨级泊位，岸线总长度达 6.4km，年通货能力 5000 万 t 以上。中部作业区 8 个挖入式港池 47 个千吨级泊位正在全面建设。4 号、5 号港池 12 个千吨级泊位已经建成并高效运营。

四、完善淮河流域航空运输枢纽

随着全球范围内电子商务的迅猛发展，贸易对生产运输方式提出了新的需求。航空运输因其快捷、方便、路线众多，成为继内河、海洋水运和铁路、公路运输之后的又一重要运输方式。航空运输的发展离不开以机场为核心的航运枢纽。航运枢纽是以航空为主，依托其他多种运输方式协调配合的货物运输网络，承担区域间主要货流中转、交换、衔接的功能，所形成的相互间紧密协作、合理分工、拥有便捷货运联系的货物运输设施群的综合体。航运枢纽所在区域一般对周边地区有较强的吸引和辐射作用，能够带动地方产业升级和周边地区优质资源的集中。

《淮河生态经济带发展规划》提出，要健全淮河流域立体交通网络，完善航空运输网络。优化运输机场布局，在机场密度较低且需求潜力较大的地区，规划新建一批支线机场。加快通用机场建设，大力发展通用航空业，形成沿淮通用航空作业走廊。协调沿淮各运输机场分工定位，强化各机场业务合作，实现协同发展，促进空域资源有效利用。

1. 淮安涟水国际机场

淮安涟水国际机场位于江苏省淮安市涟水县内，距淮安市中心 22km，为 4D 级国际支线机场、国家对外开放的一类航空口岸，同时还是苏北地区的航空枢纽。机场航站楼占地 1.47 万 ㎡，两层建筑结构，拥有 3 座登机桥廊，航空货运综合区占地 6600 ㎡，其中国际货站 1000 ㎡，站坪设机位 18 个，2 个为货机专用机场，可满足旅客吞吐量 130 万次、货邮吞吐量 1.3 万 t 的使用要求。《江苏省长江经济带综合立体交通运输走廊规划（2018—2030）》提出要将淮安涟水国际机场建设成淮河生态经济带货运机场。淮安市坚持系统思维，上下积极行动，树立起"机场带动物流，物流带动产业，产业带动城市"的发展思路，以"区域航空货运枢纽、综合物流智慧枢纽、区域发展的新动力源、现代航空都市示范区"为定位，全力推动淮安航空货运枢纽建设。淮安市委七届十一次全会提出把交通枢纽作为全市"十四五"转型跨越重要突破口，当前最迫切的任务便是要补齐航空运输短板。计划实施机场三期扩建工程，新建 3600m 跑道，飞行区等级提升至 4E 级，新建航站楼 8 万 ~10 万 ㎡、货运仓库 5 万 ~ 6 万 ㎡，旅客吞吐能力达 1000 万人次。完善机场集疏运体系，加密淮安机场周边地区公路及城市道路网，大力推进233 国道、346 省道、329 省道等机场集疏运道路建设。加快通用机场规划建设，建成金湖县、洪泽区等通用机场。

2. 盐城南洋国际机场

盐城南洋国际机场为江苏省第六大机场，也是江苏省第二家开通国际航班的机场，国家一类航空开放口岸。盐城南洋国际机场位于江苏省盐城市亭湖区南洋镇境内，距市中心直线距离约 8.3km，现有机场路与迎宾大道、希望大道、东环路、规划三期城市快速路网连通，其他地区可通过沈海高速、盐淮高速、盐靖高速、S29 青墩互通连接线直接抵达盐城南洋国际机场。截至 2020 年 5 月，盐城南洋国际机场共有 2 座航站楼（T1 和 T2 航站楼），一条跑道（长 2800m、宽 50m），停机位 20 个，通航点 36 个，周航班量 494 架次。乘客落地后可选择乘坐机场巴士（盐城公交 98 路，为始发站）或到附近公交站点乘坐盐城公交 15 路公共汽车，或者就近在 T2 航站楼外的出租车候车点打车。此外，机场还设有两个停车场，分别位于 T1 候机楼北侧的地面停车场和 T2 候机楼北侧的地下停车场。

3. 蚌埠滕湖机场

2020 年 9 月 18 日，蚌埠民用机场建设获国家批准。项目总投资 30 亿元，工程按照年旅客吞吐量 95 万人次、货邮吞吐量 5000t 设计，飞行区等级指标为 4C，预留 4E 等级的干线条件，远期新辟蚌埠至国内城市航线，远景开通至日本、韩国等国际航线，增加全货机航线航班，丰富货运航线网络，并同步规划实施空港产业园及高速连接线等配套工程，建成后对高水平建设长三角皖北承接产业转移示范区、加密皖北地区机场节点、打造长三角世界级机场群具有战略意义。

4. 连云港花果山国际机场

连云港花果山国际机场位于江苏省连云港市灌云县小伊乡境内，距连云港市中心 21.5km，为 4D 级民用国际机场，是江苏省"两枢纽、一大、六中"的民航发展布局体系中规划定位的未来江苏省内大型机场（干线机场）、苏北地区国际航运中心。机场按照年旅客吞吐量 250 万人次、货邮吞吐量 2.4 万 t、飞机起降 2.65 万架次设计。在大力推行机场飞行区 4D 建设的同时，加快推进 4E 等级扩建，还应提前按照 4F 等级做好用地空间的预控。在国际航线方面，争取向东开通日韩、东南亚航线，向西开通哈萨克斯坦国际航线。同时，计划完善机场集疏运体系，向东重点加快长深高速新机场互通、机场大道（204 国道至机场连接线）和 509 省道建设，并作为机场内外衔接主通道，承担东向衔接功能，实现与 G15、G25、G204 的高效衔接。北向方面将加快盐河路南延建设，预留市域通道 S1，连接海州核心组团，实现与城市快速路网及连云港站铁路综合客运枢纽的衔接。往南方向利用 509 省道机场段建设，连接 G233、S236，辐射东海、灌云、灌南及周边地区。

5. 信阳明港机场

信阳市位于鄂豫皖三省交界，为全国重要的交通物流枢纽，也是我国东中部地区的区域中心城市，具有承东启西、连南贯北的战略地位、区位优势和得天独厚的空域条件。因此，早在国务院批复《淮河生态经济带发展规划》之前，河南省政府便认识到这一区域枢纽城市的重要地位。列入"十三五"规划的淮河生态经济带更是为这一区域的重要性做了补充。其机场作为航空、空运的基础更是早早地被列入规划。信阳明港机场始建于 1958 年 11 月，军民合用改扩建工程于 2015 年 11 月 11 日正式开工建设，2018 年 10 月 28 日正式投入使用。改扩建后，信阳明港机场飞行区等级指标为 4C，共有 5 个 C 类站坪停机位，跑道长 2700m、宽 50m，消防救援等级为 6 级，可满足 B737-800、A320 系列等机型飞机起降。机场内部建有 3000 ㎡ 的航站楼和等面积的停车场，有到达信阳和驻马店的机场大巴，市内线路的公交和出租车等通行方式供乘客选择。

6. 徐州观音国际机场

徐州观音国际机场是徐州都市圈和淮海经济区的中心机场，也是江苏省第三大机场。它距离徐州市区 45km，为 4E 级民用国际机场。徐州机场于 1997 年 11 月 8 日正式通航，2018 年 6 月 8 日完成二期扩建工程。二期扩建工程按照年旅客吞吐量 460 万人次、货邮吞吐量 5 万 t 的能力设计，并新建了一座 3.4 万㎡ 的 T2 航站楼，建设一条 3400m 平行滑行道，扩建站坪 8 万 m²，扩建停机位 8 个，配套建设联络道、助航灯光、飞行区消防、围界等设施，改扩建工程还将建设机场大巴停靠维修站和机务、场务用房及特种车库等配套设施。徐州国际机场可通航至 34 个国内城市、5 个国际城市。乘客可选择机场大巴、公共汽车、出租车或私家车等方式到达机场或由机场转至市内，其中机场大巴包含六条线路，最近的高铁站（观音机场站）离机场仅 1.5km，且机场开通了免费的穿梭巴士往返于观音机场站和国际机场之间。

7. 临沂启阳机场

临沂启阳机场位于山东省临沂市河东区，距临沂市区 7.8km，为 4D 级民用国际机场。机场共拥有两座航站楼，分别为 T1（国内）、T2（国际及港澳台），共计 2.3 万 m^2；有一条 3200m 跑道，停机坪 16 万 m^2、机位 35 个，可保障年旅客吞吐量 250 万人次，高峰小时旅客吞吐量 1250 人次。临沂启阳机场改扩建工程总投资 18.3 亿元，主要建设 5000m^2 通航公司综合楼和配套设施，配套建设 35kV 变电站、航空配餐中心、国际快件分拨中心、供水站、机务客车库、雨污水提升泵站、场区绿化等。机场的消防救援等级由 6 级升至 7 级，解决了大型客机限量起降的瓶颈难题；国务院于 2019 年 11 月 8 日正式批复开放航空口岸；同年 12 月 31 日航站楼改扩建工程项目汇报会顺利召开，临沂启阳机场成为一座高规格的区域性枢纽机场。

第五章　淮河流域内河航运发展

第一节　内河航运概述

一、发展内河航运的必要性

在长时间的发展过程中，我国内河航运不断接受新的挑战，在基础设施的投资上保持着稳定的增长。船舶的吨级、数量也在稳步增加，大型船舶成为内河航运的发展趋势。内河航运的稳步发展，不仅使交通运输极为便利，同时也带来了丰厚的经济效益。由于我国的地势西高东低，且西部多山区、丘陵，东部多平原，因此河流的走势大多也是自西向东。地理位置的不同使得经济发展不均衡，我国东部地区经济水平要远高于西部地区。而要均衡两地的经济发展水平，将东部地区的优质资源覆盖到西部地区，除了大力修建陆上交通之外，利用天然的内河来实现大型运输功能，是十分有效的形式。内河航运除了在交通物流上的功能之外，大型船舶的航行和修建还可以促进内河沿线地区机械制造业的发展。2020 年，交通运输部印发的《内河航运发展纲要》明确指出，内河航运是综合运输体系和水资源综合利用的重要组成部分，在促进流域经济发展、优化产业布局、服务对外开放等方面发挥了重要作用。

二、发展内河航运的优势和潜力

现代交通由铁路、公路、水运、航空、管道等五种运输方式组成。各种运输方式都有其自身的经济、技术特点。同其他运输方式相比，内河航运虽然速度较慢，但却具有许多其他运输方式不可取代的优势和发展潜力。主要表现在以下几个方面。

　　　　　　　　　　内河航运的发展目标

　　2020 年 5 月 29 日交通运输部发布的《内河航运发展纲要》指出：科学开发和保护内河航运资源，着力补齐发展短板，加强与其他运输方式衔接，加快提升效率效益，有力促进运输结构优化，实现内河航运现代化，更好服务交通强国建设和国家重大战略实施。提出到 2035 年，基本建成人民满意、保障有力、世界前列的现代化内河航运体系。

　　2035 年内河航运发展目标为：内河千吨级航道达到 2.5 万 km；主要港口重点港区基本实现铁路进港；内河货物周转量占全社会比重达到 9%；重要航段应急到达时间不超过 45 分钟，主要港口（区）应急到达时间不超过 30 分钟；新能源和清洁能源货船占比显著提高，船舶污水垃圾等污染物实现应收尽收、达标排放；物联网、人工智能等新一代信息技术在内河航运广泛应用。

　　2019 年我国千吨级内河航道里程为 1.38 万 km，内河运输货物周转量占全社会比重为 8.4%。根据规划，未来 15 年，我国将增加 1.12 万 km 的千吨级内河航道里程，此外内河运输货物周转量也将持续增长。交通运输部也提出将统筹使用中央和地方财政资金，加强航道等公益性基础设施建设养护，符合高质量发展，预计未来内河水运建设投资规模将呈增长态势。

　　（1）内河运输工具载重量大。世界上最大的内河船队已达 8 万多吨级，我国长江干线普通船队为万吨级，最大的达 3 万吨级，京杭运河苏北段最大船队已 3000 吨级，载重量大和对超大型货物的适应性是其他运输方式所无法比拟的。

　　（2）内河航运建设投入少、产出多。内河航运建设投资较省，单位投资的产出以及单位投资形成的总体运输能力相比其他运输方式有明显的优势。京杭运河苏南段现在的年通过能力已达 1 亿吨，相当于沪宁铁路通过能力的 3 倍。换句话说，如果京杭运河苏南段断航，几乎要建三条沪宁铁路才

5

第五章

淮河流域内河航运发展

能满足现在的运输要求。因此，内河航道的投入产出与铁路的投入产出是无法相提并论的。

（3）内河航运成本低。美国内河航运的运输成本为铁路的 1/4、公路的 1/5，德国内河航运的运输成本为铁路的 1/3、公路的 1/5。我国由于航道、港口、船舶等主要技术装备都非常落后，目前，内河航运的运输成本除长江干线大体上与全国铁路平均运输成本接近外，其他河流高于铁路。江苏内河的运输成本高于铁路约 2 倍，低于公路。铁路在江苏境内长 800 余 km，不能成网，而江苏内河航道密且成网，其运量是铁路无法替代的。另外，内河航运能耗低。由于内河船舶、船队载重吨位大，单位马力拖带量高，充分利用水的浮力，可节省能源。据美国测定，一加仑燃料，大型柴油卡车可运货 59 吨·英里，火车可运 202 吨·英里，内河船舶则为 514 吨·英里。我国测定，水运单位能耗为铁路的 2/3。

（4）内河航运建设占地少。每千米铁路需占土地 30~40 亩，公路约 15 亩，内河航运主要利用现有的河道，与海运、航空、管道一样，基本上不占用或很少占用土地。江苏地少人多，河网密集，发展内河运输特别适合省情、国情，从古至今，内河运输是促进江苏经济增长的重要支柱。

此外，内河航运是水资源综合利用的重要组成部分。在统一规划下，疏浚航道，可以同时增加断面输水能力，有利于泄洪和灌溉，因此，发展航运与兴修水利是一致的。

三、我国内河航运发展现状

近年来，内河航道、港口设施建设等方面取得了显著成绩，内河水运货运量持续增长，运输船舶大型化、标准化趋势明显，内河水运进入了快速发展的较好时期。目前，全国形成了以长江、珠江、京杭运河、淮河、黑龙江和松辽水系为主体的内河水运布局，正努力建设"两横一纵两网十八线"为核心的内河航道格局。

（一）内河航道等级分类

随着内河航运的发展，内河船舶大型化和实际船舶的通航需求不断增长，对航道等级提升的需求日益迫切。国家住房和城乡建设部（原建设部）根据历年的航道需求，结合我国内河水运的实际情况，对规划航道等级及时进行规划与调整，并颁布《内河通航标准》。《内河通航标准》为国家标准，编号为 GB50139-2014，自 2015 年 1 月 1 日起实施。根据《内河通航标准》GB50139-2014，我国内河航道可分为 7 个等级（表 5-1）。

表 5-1　　　　　　　　　　　　　内河航运等级

航道分类	指标
Ⅰ级航道	可通航 3000t
Ⅱ级航道	可通航 2000t
Ⅲ级航道	可通航 1000t，三级航道尺度的最低标准为水深 3.2m、底宽 45m
Ⅳ级航道	可通航 500t，四级航道尺度的最低标准为水深 2.5m、底宽 40m
Ⅴ级航道	可通航 300t
Ⅵ级航道	可通航 100t
Ⅶ级航道	可通航 50t

资料来源：《内河通航标准》

（二）内河航道、港口

交通运输部、前瞻产业研究院和智研咨询整理的数据显示，2015—2019年我国内河航道通航里程总体波动较小，2019 年通航里程为 12.73 万 km，较 2018 年大幅回落（图 5-1）。其中，2019 年我国各等级内河航道通航里程分别为Ⅰ级航道 1828km，Ⅱ级航道 4016km，Ⅲ级航道 7975km，Ⅳ级航

图 5-1　2015—2019 年我国内河航道通航里程

道 11010km，Ⅴ级航道 7398km，Ⅵ级航道 17479km，Ⅶ级航道 17044km，等外航道里程 6.05 万 km（图 5-2）。

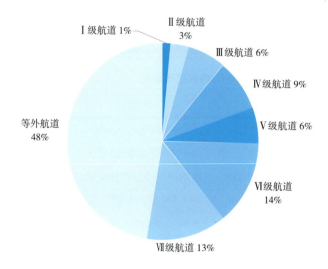

图 5-2　2019 年我国内河航道等级结构

内河港口生产用码头泊位数呈下降趋势，2012—2019 年内河港口泊位数减少了三分之一。特别是近三年泊位数量下降较快，2018 年内河港口生产用码头泊位数较上一年减少了 3563 个。2019 年内河港口生产用码头泊位为 17331 个（图 5-3）。

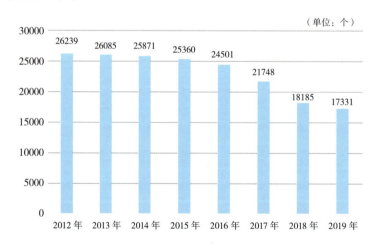

图 5-3　2012—2019 年我国内河港口生产用码头泊位数

另一方面，万吨级及以上泊位数量稳步增长。2019年内河港口万吨级及以上泊位达到444个，占生产用码头泊位数比例为2.6%。截至2019年底我国有10万吨级及以上内河港口泊位12个，占比2.7%；1万～3万吨级（不含3万）内河港口泊位189个，占比42.6%（图5-4）。

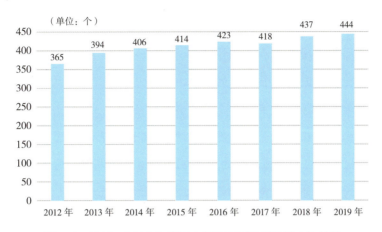

图 5-4　2012—2019 年我国内河港口万吨级及以上泊位数

（三）内河运输情况

随着内河运输千吨级航道里程数持续增长，我国内河运输船舶呈大型化趋势，内河运输船舶数量呈下降趋势，2019年内河运输船舶数量为11.95万艘。2015年以来内河运输船舶净载重量在1.3亿吨左右，呈稳定趋势。内河运输船舶集装箱箱位量稳步增长，2012—2019年船舶集装箱箱位量翻了一倍，2019年内河运输船舶集装箱箱位达到39.17万TEU。

（四）存在的问题

虽然我国内河航运发展近年来取得一定的成绩，但同时还存在一些问题，总结为以下三点：

1. 忽略水路运输作用，内河航运没有得到有效利用

现代交通运输逐渐兴起之后，传统的水路运输开始被忽略。在我国近代化的发展中，贯穿南北和横跨东西的现代化公路、铁路基本实现，相对于传统的水路运输，现代化的交通运输不仅速度快，而且成本较低，不仅有利于政治经济的发展，而且还可以满足军事战略上的需求。然而，随着我国经济的发展，道路交通等基础设施的建设趋向于稳定的状态。国民经济的提高，

专栏2　　　　　　　　"黄金水道"长江

　　长江是中国第一大河，是横贯我国东西的水运大动脉，素有"黄金水道"之称。长江流域共有通航河流3600多条，占全国内河通航里程的70%，各项运网密度指标均高于全国平均水平。运网密度每万人高于全国平均水平50%，运网密度每100km为全国平均水平的3倍多，综合密度和经济相关密度也在全国平均水平2倍以上，显示出长江水系航运网的优势和在全国内河航道中的地位和作用。

　　长江沿岸的港口城市包括上海、南通、镇江、南京、芜湖、九江、武汉、岳阳、重庆、泸州等城市。此外，在长江下游通过京杭大运河与淮河水系相连，组成四通八达的内河航运网络。在现代交通运输中内河航运是重要的组成部分，美国密西西比河和五大湖流域、欧洲西部地区以及我国东部地区是世界三大内河航运发达地区。2019年长江干线航运货物通过量达29.3亿t，同比增长8.9%；干线港口货物吞吐量达31.6亿t，同比增长11.3%；三峡枢纽货物通过量达1.48亿t，均创历史新高。

使得交通运输的压力越来越大，有的地区为了实现区域的发展，道路交通网密集，且道路规划前后跨度较长，导致道路交通的设计不够合理，严重影响居民出行和物流运输。即便如此，部分地区的政府依然将大量精力和资金用在改善道路交通上，不断地进行修复和重建。没有认识到内河航运对缓解交通压力的作用，没有站在长远的发展眼光来治理内河航运。不仅导致内河航运没有发挥出应有的作用，同时还使得大力兴建的道路交通对内河航运造成影响。

　　2. 政府支持力度不够，发展环境脆弱

　　内河航运主要是依托天然河流来实现的，在过去一段时间，我国还没有形成人与自然和谐相处的基本理念，在内河航运的建设中，过分追求经济效益和交通便利，河道的修复和内河的其他建设都没有采取可持续发展的战略。最终导致了内河航运发展建立在环境污染和周围居民生活遭到严重破坏的基础上。同时，对于船舶所排放的污染物没有经过科学的处理，导致河流污染。

尤其是在内河航运迅速增长的情况下，河流及周边环境的污染愈加严重，使得内河航运无法达到长期循环有序。

3. 内河航运市场混乱，规范程度不高

流域范围内的内河航运市场"小、散、乱"，除了几家大公司，其他都是以小船东为主，大部分船东仅拥有 1 ~ 2 艘船。内河航运市场缺乏统一的运力供给机制，运力供给极其分散，难以形成规模效应。同时由于市场规范程度不高，市场信息不对等、运力供过于求等原因，航运企业之间容易引发无序的恶性竞争，逐步变成物资单位托运人的运输市场，运输往往由货主定价，而不是市场调控，使得运输的价格和价值不匹配，导致亏本运输。

四、国外内河航运发展借鉴

内河航运发达的国家，在开发、建设与利用内河航运资源方面有很多的成功经验，学习和借鉴这些成功的经验，对于发展中国内河航运是非常有益的。内河航运是连接内陆腹地与沿海地区的重要纽带，是一国或一区域综合运输体系和水资源综合利用的重要组成部分。国际上，欧美发达国家都非常重视发展内河航运，并取得了令人瞩目的成就。

（一）欧洲内河航运

从 300 年前的运河开挖到 21 世纪初的"马可波罗计划"，欧洲国家始终把内河航运作为综合运输体系的重要部分，视为促进国家或地区开发开放的重要条件。欧洲大陆内河水运体系完善、内河航道众多，其内河航道网主要由 4 条水运通道组成：莱茵河及其支流、多瑙河及其支流、西水运通道、南水运通道。在欧洲各国的内河水运网络中，荷兰、比利时、德国和法国的内河水运网络最为密集，其中以荷兰为最，网络密度达到每 1000km² 领土 123km；其次为比利时，达到每 1000km² 领土 47km。

欧洲的内河水运发展较早，在 1954 年就已经开始实行航道等级标准化，起初按照航道横向尺寸将其分为 5 个等级，但随着航运国际化和船型不断发展，到 1992 年已增加到 10 个等级，分别为 I 级、II 级、III 级、IV 级、V a 级、V b 级、VI a 级、VI b 级、VI c 级和VII级，并且这一标准一直沿用至今。其中，I 级、II 级、III 级为地区航道，其余为国际航道（部分航道分类见表 5-2）。

表 5-2 　　　　　　　　　　　　欧洲航道分类（机动船和驳船部分）

内河航道类型	航道等级	机动船和驳船技术尺度			
		长度 /m	宽度 /m	吃水 /m	载重量 /t
地区航道	I	38.5	5.05	1.80 ~ 2.20	250 ~ 400
	II	50 ~ 55	6.60	2.50	400 ~ 650
	III	67 ~ 80	8.20	2.50	650 ~ 1000
国际航道	IV	80 ~ 85	9.50	2.50	1000 ~ 1500
	V a	95 ~ 110	11.40	2.50 ~ 2.80	1500 ~ 3000
	VI b	140	15.00	3.90	≥ 5600

为充分利用内河水运资源，发挥内河水运能耗低、运量大、占地少、成本低等优势，2011 年 3 月，欧盟委员会发布《2011 交通运输白皮书》，提出大力发展水运方式，提高水运运量比重：到 2030 年实现道路货运量的 30% 转向其他运输方式（水路运输和铁路运输）；到 2050 年实现道路货运量的 50% 转向其他运输方式。目前，大多数欧盟国家大宗散货水运的比重约占全国运量的 25% ~ 30%，集装箱内河水运比重为 10% ~ 30%，其中荷兰、比利时等国家的集装箱内河水运比重已达 30% 以上，并且这个比重仍在继续上升。

此外，在欧洲各国，内河航道作为国家的公共基础设施，航道的规划、建设、养护和管理主要由国家承担。在德国，内河航道的建设与维护等费用以联邦政府投资为主，相关地方政府按受益程度进行投资。

欧洲发展内河航运的主要理念和实践经验主要有以下几方面：

（1）在内河资源开发过程中坚持优先开发航运的原则。在内河开发过程中，非常重视发挥内河水系的航运功能，同时考虑内河在防洪涝灾害、农田灌溉、水力发电方面的作用。

（2）非常重视内河航运设施的投入和建设。例如，德国按照欧洲航道及船型的相关标准，将梯级渠化管理应用到干线航道的上游和支线航道的建设上；下游采取治理和疏浚相结合的方式，通过开挖运河，建成了以莱茵河、美因河、多瑙河、易北河等为主的标准化航道网。

（3）大力调整船舶结构。通过信息技术等先进的市场调研和监管手段掌握内河航运市场变化，并采取相关措施及时进行内河航运船舶结构调整。

（4）注重生态维护和环境保护。譬如，德国规定在拓宽浚深内河航道的过程中，须维持原有生态链的连续性；采取在水道护岸外侧增建间断的低护岸，打造适合水生物生长和野生水鸟栖憩的浅水区域，确保内河航运及生态环境协调发展。

专栏3　　　　　　　　　　欧洲内河航运

　　德国境内共有7300多km的内河航道，其中天然河流约占航道总长的四分之三，人工运河里程约占四分之一。德国境内大小河流相互交织，主要有莱茵河、威悉河、美因河、易北河、施普雷河等天然河流，还有中部运河等多条运河，各水系由运河互连，做到了贯通衔接，形成了四通八达的内河航道网络。德国内河航运已经成为该国综合运输体系的重要组成部分，在经济和社会发展中充当了重要角色。

　　莱茵河是欧洲第三大河，西欧第一大河，发源于瑞士阿尔卑斯山，流经列支敦士登、奥地利、法国、德国和荷兰，在鹿特丹以西注入北海。莱茵河全长1320km，流域面积22.4万km^2。干流通航里程约1000km，年货运量约3亿t，相当于20条铁路，年货运密度1168万t/km。莱茵河主要运输煤炭、矿物、石油及工业设备产品，近年来集装箱运输、汽车滚装船运输发展迅速。

　　莱茵河是德国最重要的通航河流，经过整治的干支流航道，可通行1350t的欧洲自航驳，干流科隆以下可通行7000吨级的海轮，5000吨级的海轮可抵达曼海姆，货运总量（德国段）达2亿t左右，成为世界上航运价值及利用效率最高的河流。

（二）美国内河航运

　　美国的内河航运与沿海运输、大湖区水运和远洋运输一起，共同构成了美国发达的水运体系，有力促进了内陆地区和沿江、沿海城市的发展。美国内河航道主要有哥伦比亚河、密西西比河、莫比河、墨西哥湾沿海水道和大西洋沿海水道五个部分。内河航道总里程约4.1万km。在美国内河航运体系中，密西西比河是美国南北航运的大动脉，干支流通航总里程约为 2.6 万 km，其中水深在 2.75 m 以上的航道达 9700 km，并与多条运河、五大湖及其他水系相连，构成一个巨大的水运网，其年货运量超过 10 亿 t，占美国内河货运总量的 60% 以上。在美国政府鼓励内河航运的政策和大力投资的激励下，其内河运输在国民经济中的作用和地位一直很高。经过多年大规模的开发与建设，美国的内河运输网已经四通八达。美国的航道发展大致分为三个阶段：第一阶段从 19 世纪初期至 19 世纪末期，主要开展天然航道整治工作；第二阶段从 20 世纪初期至 20 世纪 80 年代，主要开展航道标准化工作；第三阶段从 20 世纪 90 年代至今，主要开展航道网络化（人工运河沟通）工作。密西西比河航道发展历程见表 5-3。

表 5-3 密西西比河航道发展历程

航道阶段	阶段划分时间	航道工程技术特征	航道其他特征
原始航道	1830 年以前	主要针对防洪、筑堤、航道疏浚、绕急滩进行治理	后期逐渐出现蒸汽机船
助航航道	1830—1930 年	炸除急流段的礁石和石梁，挖除沙洲、堵塞支流和已废弃的河湾，以集中水流，形成单一的航道	年货运量已达 2000 万 t，并缓慢增长；拖带船为主要船型，并逐步代替邮船
标准航道	1931—1970 年	航道渠化、疏浚、丁坝和护岸工程等整治工程基本完成；重视支流治理	年货运量由千万吨飞跃到后期 3 亿 t 左右；拖带船逐渐大型化
高级航道	1971—2003 年	簸吸式挖泥船等先进装备应用于航道疏浚维护	主要由统一化的标准驳和专用驳组成船队运输
智能航道	2003 年以后	实现机械自动化、无人智能化	船舶达到标准化，航运能力及时满足社会的运输需求

专栏4　　　**密西西比河航运**

密西西比河位于美国经济发达的东部，全长 6262km，流域面积 322 万 km²，流经美国 31 个州，北通五大湖，经圣劳伦斯水道东出大西洋，南通墨西哥湾，水系通航里程近 2 万 km。密西西比河是世界上最发达的水系之一，货运量占全美内河货运总量的 60% 以上。近几十年来，美国内河货运量的增长速度超过了美国工业产量的增长速度，由于内河运输业的竞争条件不断加强，到 20 世纪末，密西西比河的年货运量已经达到 10 亿 t 左右，据专家估算，密西西比河的货运量相当于同等长度的 19 条铁路，年货运密度达到 1027 万 t/km。

密西西比河主要运输货种为煤炭、石油产品、粮食、原油等大宗货物，但集装箱运输发展缓慢。

密西西比河干流上游及除密苏里河外的各主要支流都已实现了渠化，基本实现了航道统一标准化。现今密西西比河通航里程约 2 万 km，其中水深在 2.74m 以上的航道约占三分之二。密西西比河干流全长 3766km，主要航道水深 3.65m，可通行 1350 ～ 2720 载重吨驳船队。密西西比河航道尺度和船闸基本上实现了标准化。

密西西比河内船舶平均吨位 1149t。密西西比河拥有一个高效的大型散货运输系统，以顶推无人分节驳顶推船队运输方式为主，上游和支流都可以航行 8 ～ 15 艘驳船组成的顶推船队，载重量 1 万 ～ 2 万 t；中游可航行由 15 ～ 25 艘驳船组成的顶推船队，载重量为 2 万 ～ 3 万 t；下游最大的顶推船队由 30~40 艘驳船组成，载重量 4 万 ～ 6 万 t。顶推船队一律采用无人驳，推轮的自动化程度很高。

密西西比河的港口机械化程度基本上达 100%，2 万吨级的船队只要 8h 就可完成装卸作业；吞吐能力大，件杂货码头为 10 万 ～ 20 万 t，散货码头吞吐能力都在 100 万 t 以上，有些码头吞吐能力达到 900 万 t。

美国为促进内河航运发展，规定航道建设与维护资金均由国家拨款，不需偿还。密西西比河的航运投资来源主要有财政拨款、内河基金、企业投资、私人投资。目前，美国国会用于内河航道的资金约为 9 亿美元，其中内河基金约 1.2 亿美元，同时还有相当于国会资金总额 20% ～ 30% 的私有资金参与航道建设。为了减少陆路交通对生态环境的影响和对资源的过度占用，美国制订了多种扶持内河航运的政策。如 20 世纪 80 年代以前对航运企业免征燃油税和航道使用费，船舶通过船闸不征收费用，对船舶制造实行差价补贴等。

美国发展内河航运的主要理念和实践经验主要有以下几个方面：

（1）美国非常重视航道网的现代化建设。美国通过全面规划、统筹安排、综合开发和分期实施，打造全国的深水航道网，并始终将发展航运作为河流开发工作中的重要一环。

（2）内河航运物流标准化工作实施力度强。制定并通过了一系列的船闸跨河桥梁、航道和其他过船建筑物、跨河建筑物的标准。

（3）内河航道建设资金投入和政策保障力度大。美国国会拨款用于所有内河航道的开发建设和维护。据不完全统计，美国每年投入 3.5 亿美元进行深水航道维护。与此同时，国家还颁布相关法律法规保护内河航运建设。

（4）注重生态维护和环境保护。比如在密西西比河水系，陆军工程兵团作为管理部门之一设有专门负责环境保护的部门，同时还有联邦环保署相应机构的环境监管。

第二节　淮河流域内河航运现状

一、淮河内河航运发展的可行性

发展淮河内河航运条件已具备，前景广阔。可总结为以下四点：

（1）淮河已形成较为有效的防洪减灾工程体系，具备了大规模发展内河航运的基础条件。经过近几十年的治理，尤其是总投资 447 亿元的治淮 19 项骨干工程建设，完整有效的淮河防洪减灾工程体系已经形成，主要防洪保护区和重要城市防洪标准已从不足 50 年一遇提高到 100 年一遇。淮河关键性节制闸的建立较好地保持了淮河上下游常年正常水位。

（2）淮河出海通道的拓展，将使淮河内河航运的优势更加凸显。淮安盐河航道通航之后，淮河船只经洪泽湖后，将直接进入盐河经连云港出海，出海航程大大缩短。如蚌埠港的货船经连云港出海仅 400 km，与从上海港出海相比航程缩短近一半，比芜湖从上海港出海的距离还要短，航运综合成本大幅降低。这直接拉近了沿淮区域与沿海的时空距离，极大增创了淮河内河航运的新优势，进一步提升了淮河内河航运的竞争力。

（3）国家加快转变发展方式的步伐，高度重视内河航运发展，这些都为淮河的加速发展提供了新的契机。内河航运是绿色的运输方式，运量大、成本低、占地少、综合效益高，发展内河航运就是转变发展方式。党中央、国务院已把发展内河航运上升到了国家战略和发展全局的高度，一方面将加大内河航运的基础设施建设的支持力度，另一方面将出台鼓励性政策，引导企业物流更多采取内河运输方式。内河航运经济必将得到快速发展，而这又将进一步强化内河航运的成本优势，进而会吸引更多的物流采用内河运输方式，形成发展的良性循环。同时淮河流域各省市也都充分意识到发展淮河内河航运的重要性，加大资金投入，加快航道疏浚和港口建设，这些都将为推进淮河由整治向综合利用转变、大力发展淮河内河航运提供千载难逢的机遇。

（4）产业转移与淮河流域经济的崛起将大幅拓展淮河内河航运的发展空间。在土地、劳动力、综合商务成本大幅上涨以及生态保护日趋强化的约束下，近年东部沿海向中西部产业转移的步伐呈加快趋势。淮河流域总体属欠发达地区，是发展潜力较大的区域，也是蓄势待发的区域。沿淮各省高度重视淮河流域的经济发展，出台了一系列促进发展的实质性政策，例如：安徽在资金、人才和重大项目等政策方面加大向皖北的倾斜力度，并采取对口帮扶措施加速皖北崛起；江苏大幅度增加对苏北基础设施、教育、科技、卫生等社会领域的投入，鼓励苏南苏北挂钩共建苏北工业园区，合作推动苏北快速发展。

二、淮河流域内河航运发展现状

（一）淮河内河航道现状

淮河流域内河航运具有较好的发展基础和条件。现共有航道通航里程17118km，其中三级及以上航道里程1210.6km、四级航道839.4km，五级航道996.2km；有各类港口码头及装卸点近2000个，完成货物吞吐量约2.67亿t；年内河货运量1.9亿t、货物周转量410亿t·km。

淮河水系纳入全国内河高等级航道规划的有"两纵两横"共7条航道，

规划里程 2609km，其中三级及以上航道 2054km，四级航道 555 km。以下是七条高级航道的现状介绍：

1. 京杭大运河

京杭大运河始创于春秋时期，是世界上里程最长、工程最大的古代运河，也是最古老的运河之一。大运河南起杭州，北到北京，途经浙江、江苏、山东、河北四省及天津、北京两市，贯通海河、黄河、淮河、长江、钱塘江五大水系，主要水源为南四湖（山东省微山县微山湖）。大运河全长约 1794km，至 2012 年，京杭运河的通航里程为 1442km，其中全年通航里程为 877km，主要分布在山东（济宁市以南）、江苏和浙江三省。淮河流域的京杭大运河起讫点是东平到六圩，航道规划等级为二级，规划里程为 736.5km。

结合南水北调东线一期工程完成了东平至济宁段长 90km 三级航道的建设；济宁至二级坝段长 78.5km，基本达到三级标准；二级坝至大王庙段分东、西两条平行航道，东线自二级坝由南四湖湖区、韩庄运河、中运河，经黄道桥至大王庙，长 107km，现为三级航道，西线自二级坝由湖西航道、不牢河，经蔺家坝至大王庙，长 129km，现为二、三级和六级航道；大王庙至六圩段长 332km，现状为二、三级航道。沿线自北向南规划有 18 个梯级。除东平至济宁段的八里湾、邓楼、长沟尚未建设外，其余梯级均已建设，大部分建有二线或三线 1000 吨级以上船闸，但通过能力不足的问题仍然比较严重。

京杭运河二通道海宁段项目，地处杭州市余杭区临平镇与嘉兴市海宁接壤段，涉及航道里程 4.5km，桥梁数量 7 座，水利设施 6 项，服务区 1 处以及黄家门桥、连杭大道桥和沪杭高速公路桥。

2. 连申线

作为长三角高等级航道网规划和全国内河航道与港口布局规划确定的高等级航道，连申线沟通连云港港、大丰港、洋口港、如皋港等沿海、沿江港口，因此有着"第二条京杭大运河"之称，也被称为沿海"水上高速"。以长江为界分为江南、江北段，连申线纵贯江苏东部。江北段航道等级较低，航运条件较差，除部分航段外，其余均低于五级标准。

连申线全线按三级航道标准进行分期整治，其中东台至长江段航道里程

92km，总投资 46 亿元，整治内容包括新建海安双线大型船闸 1 座，新建航道护岸 123km，改建桥梁 39 座，新建东台、海安、如皋服务区等。工程从 2011 年 7 月开工，历经 2 年 6 个月的建设。通过这条水上"高速公路"，1000 吨级大吨位船舶可直接进入内河，内河运输进入"千吨级"时代。工程建成后，将最大限度地实现连申线北经连云港港直通黄海，南经南通直达长江，从而在江苏沿海地区建成一条通航千吨级船舶的南北水运主通道。淮河流域的连申线航道起讫点是连云港港到焦港河入江口门，航道规划里程 426.5km。

3. 沙颍河

沙颍河为淮河北岸支流，是淮河流域主要的东西向水运通道，规划自漯河以下为Ⅳ级航道。沙颍河自漯河至沫河口长 379.2km，漯河至沈丘 142km 曾断航，沈丘至沫河口 237.2km 为Ⅴ至Ⅶ级航道。沿线规划有大路李、葫芦湾、周口、郑埠口、沈丘、耿楼、颍上等枢纽，大路李、葫芦湾枢纽未建，其余枢纽均已建成，周口和阜阳枢纽尚不具备通航条件。2012 年初，沙颍河阜阳船闸建成通航。加上之前已建成通航的颍上船闸、太和耿楼船闸，使断航 30 余年的沙颍河实现全线复航。

4. 淮河干流

淮河干流航道自淮滨至运河口长 559km，淮河干流是淮河流域最主要的东西向水运通道，规划淮滨至正阳关 177km 为四级航道，正阳关至运河口 382km 为三级航道。现淮滨至正阳关 177km 为五级航道，正阳关至红山头 277km 基本达到三级标准，红山头至运河口 105km 为洪泽湖湖区航道，现为五级航道。淮河干流沿线建有临淮岗、蚌埠、高良涧三个梯级，临淮岗建有 500 吨级船闸，高良涧建有 2000 吨级船闸，蚌埠建有 1000 吨级船闸，复线船闸在建。2013 年 7 月，高良涧船闸三号闸开工建设，2015 年 12 月 28 日正式通航。它的建成，彻底结束了淮河黄金水道在高良涧的卡脖子历史，打通了淮河干线通江达海的水运瓶颈，使船舶通行能力翻番，船舶待闸时间由原来的 4～5 天缩短为一天左右。京沪铁路蚌埠铁路老桥是淮河干流的主要碍航桥梁，目前仍未有改建时间表。

5. 淮河出海航道

淮河出海航道位于江苏省北部，淮河出海航道是淮河流域主要的东西向水运通道，规划为三级航道。淮河出海航道自运河口至燕尾港，长164.1km，由淮河入海水道、通榆河、灌河等航段组成，目前灌河段43km为三级，通榆河部分河段为三级，其余航段等级较低，沿线有部分跨河桥梁通航净空不能达到规划标准。淮河出海航道的建设前景将与入海水道二期工程建设前景密切相关，根据入海水道二期工程可研初步成果，入海水道二期工程建设将可满足三级限制性航道要求。

6. 盐河

盐河位于江苏省北部，盐河是目前淮河干流最主要的出海通道之一，规划为三级航道。盐河北接连云港，南连京杭运河直达长江、洪泽湖、淮河，中经灌河出海，是苏北腹地城市淮安、宿迁及淮河流域最便捷的出海航道，现为七至六级航道。规划对自杨庄至武障河口长95.7km河段按三级航道进行整治，沿线将建两座船闸，对通航净空不足桥梁进行改造。

7. 通扬线

通扬线位于江苏省北部，通扬线是淮河水系两条东西向全国内河高等级航道之一，规划为三级航道，通扬线自江都至吕泗港长299km，由高东线、建口线、通扬运河和通吕运河等航段组成，大部分为五至七级航道，沿线部分跨河桥梁通航净空不能达到规划标准。规划对299km航道按三级航道标准进行整治，对通航净空不足桥梁进行改造。

（二）入海、入江水道的发展现状

淮河出海航道是苏北地区东西向重要的水运通道，也是区域综合运输体系的重要组成部分，对区域经济社会发挥着不可或缺的作用。经多年的规划和建设，淮河航运条件日趋完善，运量逐年增长。淮河入江水道与里下河地区航道网基本可实现互联互通，淮河出海航道由于入海水道一期工程未考虑航运功能暂未能全线贯通。

新中国成立后，淮河下游防洪、排洪工程经过了三次大规模治理，淮河洪泽湖以下的排洪形成了一河入江、四河入海的布局。淮河干流东排入海的行洪能力基本达到淮河原入海通道淤废前的水平，洪泽湖防洪标准达到100

年一遇。

淮河下游分三路入海（江），主流通过三河闸，出三河，经高邮湖在三江营入长江；另一路在洪泽湖东岸出高良涧闸，经苏北灌溉总渠和淮河入海水道在扁担港入黄海；第三路在洪泽湖东北岸出二河闸，经盐河北上连云港市，经临洪口注入海州湾。淮河入海水道西起洪泽湖二河闸，经淮安市清浦、

专栏　　　　淮河入海口的"前世今生"

南宋建炎二年（公元1128年），黄河呼啸南下，彻底鸠占鹊巢，夺了淮河的入海口。而黄河带来的滚滚泥沙，还将淮阴以下的淮河故道全部淤塞，也切断了淮河向沂水等水脉的排水出路。最终，淮河在下游形成了今天的洪泽湖。失去了入海口的淮河，只要上游水量短时间内骤升，超出了洪泽湖本身的容水量，洪灾就会发生。

清朝咸丰元年（公元1851年）洪泽湖水暴涨，一口气冲坏了南面大堤，脱缰的淮水汹涌南奔，经高邮湖和邵伯湖冲入长江。由于这条水道太过狭小，所以每每淮水奔向长江，都会造成沿线的洪涝灾害。

更为悲剧的事情发生在四年之后的清朝咸丰五年（公元1855年），黄河又一次改道，在河南铜瓦厢决口后，一路奔向山东入海，这也使其"侵占"淮河河道700年的历史就此结束。

但曾经的淮河故道因为早已泥沙堆积，非但淮河无法回归故道，而且使新的"受害者"沂水泗水因为重演淮河曾经的命运（被黄河侵道），只能再改道流向苏北，从而再次引发灾害。

新中国成立以后，党中央对治理淮河洪水高度重视。水利部联合治淮委员会等部门多次召开会议研究淮河流域的治理问题。1995年10月，水利部审查通过了《淮河入海水道工程可行性研究报告（修订）》；1998年10月，淮河入海水道试挖段正式破土动工；2006年10月工程全面竣工并通过验收。竣工后的淮河入海水道近期工程，使洪泽湖防洪标准从50年一遇提高到100年一遇；结束了淮河800多年无独立排水入海通道的历史，淮河流域"蓄泄兼筹"防洪体系初步形成。

5

第五章｜淮河流域内河航运发展

淮安两区和盐城市阜宁、滨海两线，至扁担港注入黄海，全长 163.5km。入海水道目前未与京杭运河、通榆河沟通，暂不能通航。淮河入海水道一期工程设计行洪能力 2270 m³/s，主要工程包括行洪河道、防洪大堤，二河、淮安、滨海、海口 4 座枢纽和淮阜控制以及 29 座穿堤建筑物，2003 年建成通水后，先后经受了 2003 年和 2007 年两次流域性特大洪水考验。

（三）淮河内河港口发展现状

近年来，内河港口的发展得到各级政府的大力支持，淮河流域也在不断规划与建设综合性的港口。淮河流域港口的布局与发展，分为主要港口、地区性重要港口、一般港口三个层次，以下是淮河流域的一些重要港口的现状介绍。其中蚌埠港、淮安港、淮滨港、周口港在第四章第三节已做详细论述，此部分不再赘述。

1. 滨海港

滨海港是国家经济战略布局上的黄金节点，地处环渤海经济圈和长三角经济圈的接合部，位于沿海经济带与沿陇海线经济带的交会点，是连接南北、贯通东西的经济走廊。滨海港具有独特的自然资源，深水贴岸，–15m 等深线距岸仅 3.95km，是江苏沿海建设 10 万～15 万吨级以上航道码头距岸最近点。港区海域海床平稳，锚地广阔，地质构造稳定，3500km² 海域无暗礁和辐射沙洲，直通大海；滨海港拥有丰富的土地资源，有 120km² 的低产值盐田可直接承载临港工业项目；滨海港连通淮河水系和长江里下河水系，淡水资源充沛，是建设大吞吐量、大用地量、大用水量工业项目的理想选址。滨海港要重点建设集装箱、煤炭和油气等专业化码头，提高专业化运输水平，逐步形成层次分明、布局合理的集装箱运输系统和能源运输系统；按照钢铁工业发展的要求，合理布局建设大型铁矿石接卸码头。"十二五"期间，规划建设生产用泊位 10 个，其中万吨级以上泊位 10 个，总投资约 38 亿元，设计通过能力 3300 万 t。建设项目主要包括中电投储配煤项目码头工程、滨海二期码头工程、LNG 专用码头工程等。其中，"十二五"期内完成投资 23 亿元，新增生产用泊位（万吨级以上）6 个，新增货物通过能力 2000 万 t。

2. 大丰港

大丰港处于江苏省 1040km 海岸线港口空白带的中心位置，是交通部规划的港口项目和江苏省跨世纪五大战略工程，国家一类口岸，经国务院批准被海关总署列为"十五"期间江苏省唯一开放的水运口岸，纳入上海港国际航运体系，成为上海港北翼的配套港口。大丰港地理位置优越，港口距上海港 250 海里、连云港港 120 海里、秦皇岛港 490 海里，距日本长崎港 430 海里、韩国釜山港 420 海里，可经上海港、釜山港直达东南亚和欧美各大港口；并且成为上海港和连云港之间的中心港，成为苏中地区的出海大通道，建成后将与 204 国道、盐宁高速、通榆运河、京杭大运河、新长铁路、同三高速公路以及"十五"期间兴建的徐（州）大（大丰港）高速公路联网，形成立体大交通格局，辐射盐城、盐都、大丰、东台、兴化、高邮、建湖、宝应、金湖等市县 14263 km² 800 万人。到"十一五"期末，大丰港建成万吨级以上泊位 8 个，年吞吐能力达 1500 万 t 散杂货、30 万标箱，开通至日、韩及国内各大港的航线；到 "十三五"期末，建成万吨级以上泊位 34 个，年吞吐能力达 5000 万 t 散杂货、100 万标箱，开通至欧美等地重要港口的航线，成为江苏中部最大的对外开放的综合性商港，远期建设成为我国沿海又一个亿吨大港。

3. 射阳港

射阳港是江苏沿海重要出海通道之一，是我国距韩国、日本最近的港口之一。上游连接射阳河、黄沙河等水系，可与通榆运河、京杭大运河相连，形成南达长江、北抵京津、辐射江淮的"河海联运"水系运输。泊稳条件优良，港口航道由两条导堤延伸形成，避风条件优越，全年作业日可达 300 多天。码头货场丰富，万吨级码头与后方上万亩货场无缝对接，减少短驳成本和通关时间。

4. 响水港

响水港区航道包括灌河口外航道和口内航道。口外航道分为两槽，一条为西槽，一条为北槽。西槽为通航航槽，水深约 3.6m；北槽走向与灌河出口走向一致，但极不稳定。灌河是江苏省唯一没有在干流上建闸的天然入海潮汐河道，被专家誉为"苏北的黄浦江"，口内响水作业区至灌河口 44km 河段，河宽 300 ~ 1000m，–6m 等深线贯穿全河，为三级航道。在灌河口拦门沙尚未治理的情况下，高潮位时可通航 5000 吨级以下货船。

5. 淮南港

淮南港是安徽省 8 个重点港口之一，是区域性综合运输枢纽的重要组成部分。港口主要以运输煤炭为主，逐渐发展件杂货、集装箱等综合物流运输。根据规划，"十一五"期间，淮南市将投入 4.2 亿元用于新港区和航道建设。到 2020 年，淮南在淮河沿岸建成六大港区、88 个大型泊位，其中，千吨级泊位 51 个。淮南港吞吐量达到 2400 万吨，成为千里淮河煤炭运输第一大港。

三、淮河内河航运发展存在的问题

现阶段，淮河航运发展还存在着一些问题，主要有以下三点：

（1）出海航道现有的航道等级低、通航设施规模小。洪泽湖区段入海水道目前未与京杭运河、通榆河沟通，暂不能通航。张福河航道没有列入整治规划，航道现状技术等级较低，上游经过疏浚，航道达五级航道，下游航道条件较差，张福河船闸等级较低，闸况较差，槛上水深仅 2 m，且船闸闸桥已碍航。入江水道金宝航道段现有南运西、石港和蒋坝等船闸设施老旧，通行能力严重不足。

（2）航道与港口衔接不够，未能实现河海通达联运。目前连云港徐圩港区、盐城港大丰港区规划有疏港航道，其他港区还没有疏港航道，未和整个水运体系通达，不能发挥水运的优势。

（3）工程规划不完善，航道与港口的衔接未做通盘考虑。根据国务院批准的《江苏沿海地区发展规划》，与淮河可以衔接的已建万吨级泊位港口有连云港港、滨海港和大丰港，其中滨海港距淮河入海水道二期工程最近。但目前根据江苏省航道网规划，入海水道航道规划线路为淮河—入海水道—连申线（自红山头至燕尾港，由淮河干流、洪泽湖南线航道、灌溉总渠、淮河入海水道、通榆河、灌河等航道组成）。该方案通航里程长，没有充分发挥出海最近的滨海港 10 万吨级以上港口建港条件及疏港航道等有利条件。

第三节　完善淮河流域内河航运

全面建成以四级以上航道为骨干，干支衔接、通江达海的航道网络；形成布局合理、功能完善、专业高效的港口体系，主要港口具有明显的物流中心作用。近期初步完成流域内的全国内河高等级航道建设任务，并建成一大批区域性重要航道；形成布局合理、功能完善、专业高效的港口体系。远期全面完成流域内的全国内河高等级航道和区域性重要航道建设任务，并根据地方经济发展需要重点建设一批五级以上的一般航道；在引江济淮工程的基础上相应建设通航设施；在淮河入海水道二期工程的基础上完成入海航道建设任务。

淮河流域内河航道布局方案：以京杭运河和淮河干流等"两纵两横"全国内河高等级航道和22条区域性重要航道等四级及以上航道为骨干，以一般航道为基础，实现对区域内主要城市、矿产基地、综合交通枢纽和长江等周边航区的有效沟通。淮河流域内河港口布局方案：规划徐州港、济宁港和蚌埠港为主要港口，逐步发展成服务于腹地煤炭资源开发、城市和产业发展的大型综合性港口。

一、淮河内河航道

（一）航道规划

根据预测，淮河流域内河货运量2030年达到4.2亿t。在货运量的构成方面，跨省区运量比重将有较大上升，2030年淮河流域内河货物周转量完成922亿t·km。淮河内河航运在煤炭、矿建等大宗散货运输中发挥着重要的作用。

规划区域性重要航道共22条，即涡河、沱浍河、西淝河、池河、白马河、薛微航道、新万福河、老万福河、泉河、洙水河、徐宝航线、盐宝线、刘大线、兴东线、芒稻河、盐邵线、泰东线、姜十线、徐宿连航道、滨海港区疏港航道、建口线—黄沙港、通栟线—洋口运河，规划里程2036.8km，其中三级航道754km，四级航道1282.8km。淮河入海水道在淮安、滨海分别穿过京杭运河和通榆河，规划淮安枢纽—滨海枢纽段结合通航，规划通航里程84.2km，航道等级为三级；滨海枢纽以下根据经济社会发展需要进一步研究通航的必要性。引江济淮起自长江，经巢湖过江淮分水岭，至瓦埠湖调蓄入淮河，全长约270km，航道等级暂定为三级。

（二）入海、入江水道

为达到国家防洪标准规定的300年一遇的要求，2013年国务院批准《淮河流域综合规划（2012—2030年）》，将入海水道二期工程列入近期治理工程。入海水道二期工程河槽开挖底宽为280m左右，目前设计水深3m左右，通过优化设计，水深也可加大至4.0 m，能够达到二级航道要求。二期工程的实施，将大幅提高淮河下游地区防洪标准，除涝、航运、水资源等综合效益。

淮河入江水道上起洪泽湖三河闸，下至江都附近的三江营，全长157.2km，是淮河的主要泄洪通道之一，也是国务院确定的进一步治理淮河重点项目。淮河入江水道中淮河干流、徐宝线和芒稻河是列入全国或省级规划中的重要水道。淮河流域江苏境内干线航道总体情况较好，其中京杭运河苏北段达二级标准，年货运量超过2亿t；连申线航道全线达四级以上标准，年货运量超过2500万t；通扬线航道现状通航条件略差，大多为五级及以下标准，但运输比较繁忙，年货运量超过4000万t。淮河流域的入江水道货运需求旺盛，但部分航道条件目前无法满足货运需求。

二、淮河内河港口

淮河干支流沿线港口众多，从发展条件分析，蚌埠港、淮南港最为优越，其次是淮滨、六安、漯河、周口、阜阳、亳州、商丘等港口，它们的共同特点是位于全国内河高等级航道或区域性重要航道沿线，具备必要的建港条件，腹地矿产资源丰富，运输需求旺盛；但由于航道条件的限制，漯河和商丘港的大部分港区的开发将需要一个比较长的时期。蚌埠港是全国内河主要港口，主要港区位于淮河干流和沱浍河，规划淮滨港、六安港（主要港区位于淮河干流）、淮南港（主要港区位于淮河干流）、漯河港、周口港和阜阳港（主要港区位于沙颍河等）、亳州港和商丘港（主要港区位于涡河、沱浍河等）

为重要港口。

鲁西南地区主要有济宁和枣庄两个港口，主要港区分布在京杭运河和南四湖周边的支流航道上。京杭运河梁济段复航后，将在东平境内建设新的港口。济宁港是全国内河主要港口，规划枣庄港、菏泽、泰安为重要港口。

从发展条件分析，徐州港最为优越，宿迁港和淮安港位于京杭运河沿线，建设条件比较优越，连云港和盐城均拥有沿海港区，内河港区主要位于连申线沿线，且依托沿海港口，具有内河与沿海港区相互衔接的优势。徐州港为全国内河主要港口，规划淮安港、宿迁港、连云港（内河）港、盐城（内河）港为重要港口。

（一）加快出海港口建设

根据对淮河流域腹地国民经济和生产力布局的现状和发展等情况的调查、分析，结合淮河流域腹地内相关产业、沿海港口、重大项目等内河水运需求的影响，预计到 2030 年淮河出海航道承担货运量约 13200 万 t，其中淮河入海水道承担运量约 3900 万 t。因此，应以淮河流域开发为契机，切实加强淮河流域出海港航道和防波堤等港口公共基础设施建设，打通淮河自己的出海通道。重点加快滨海港 30 万吨级航道工程建设，加快大丰港航道工程、挖入式港池、航道及防波堤工程建设，加快射阳和响水港等喂给港建设。

（二）优化内河港口布局

结合淮河流域资源分布、产业空间布局及城镇化发展特点，根据淮河流域内各港口的地理区位、在综合运输网中的地位、依托城市和集疏运条件、基础设施状况等因素，从淮河流域综合运输体系建设与发展的总体需要出发，规划淮河流域港口的布局与发展，分为主要港口、地区性重要港口、一般港口三个层次，打造层次分明、布局合理、大中小结合的沿淮流域港口体系。

其中，主要港口包括淮安港、蚌埠港、淮南港、淮滨港、周口港等港口，地区性重要港口包括霍邱港、阜阳港、颍上港、五河港、泗阳港、建湖港等港口，一般性港口包括固始港、沈丘港、寿县港、息县港、凤阳港、明光港等。

淮河流域港口布局与建设要注重与流域内高速公路、铁路、民航等相关运输体系规划相衔接，发挥综合运输体系整体效益。要大力发展"等级标准化、布置集中化、作业机械化"的现代化作业区，推进淮河流域内河规模化、集约化发展。淮河流域高等级航道网内重点建设 1000 吨级以上泊位。其中，重点打造淮河流域淮安港和蚌埠港两个特大内河航运枢纽；配合淮河入海万吨级航道工程，在淮河入海航道（洪泽湖以东段）合理布设万吨级港口泊位。

（三）提升港口综合功能

（1）建设港口物流基地。配合滨海港和大丰港的建设和发展，以促进货物的周转、加工、配送、分拣、包装、仓储、运输、信息、电子商务等有效聚集。在港口周边地区建设现代化港口物流基地。

（2）合理布局水运口岸。淮河流域外向型经济的迅猛发展对口岸的开放提出迫切需求，也为淮河沿线水路口岸的开放提供了货运支撑。在淮河干线规划增设蚌埠港、淮滨港、淮南港等水路二类口岸，并在淮河入海水道洪泽湖以东段规划建设一类口岸，促进水路口岸早日开放，不断提高淮河流域对外开放水平，打通淮河沿线城市国际交往的通道。

（3）推进保税区建设。以加快推进淮河生态经济带建设为使命，提升沿淮地区综合保税区功能，加快推进蚌埠（皖北）保税物流中心（B型）、蚌埠综合保税区建设。充分发挥淮河流域保税区的开放政策和口岸优势，积极承接长三角地区特别是苏南地区的产业转移与产业分工，建设成为进出口加工发达、保税物流功能完善、配套设施齐全的海关特殊监管区域；发挥港口集疏、物流增值以及对腹地的辐射作用；增强对淮河流域的辐射带动作用，不断提升综合经济实力、产业竞争力、科技自主创新能力和可持续发展能力，实现区域产业结构合理化、社会管理现代化、公共服务均等化和区域环境生态化，成为淮河生态经济带建设的排头兵。

（4）推动港口与临港产业联动发展。充分依托港口资源优势和区域比较优势，实现港口与产业联动发展和集群化发展，全力促进淮河流域工业产业升级。着重发展临港产业集中区加工制造业、仓储和物流产业，提升港口商务、金融，船代、货代等服务功能，促进集中区产业链和港口服务业相互关联、有机结合、共同发展，推动区域经济快速发展。

（5）完善港口"大通关"体系。全力推进港口信息化，建立政府公共信息平台，加快淮河水运口岸"大通关"体系建设步伐，全面建成电子数据交换（EDI）信息管理系统。优化港口通关模式，优化作业流程和通关环境，为淮河水运提供"一条龙""一站式"通关服务。

发挥淮安综合保税区在
淮河流域经济带中的支撑作用

2012 年 7 月 19 日，国务院正式下文批准设立淮安综合保税区。淮安综合保税区由原先的淮安出口加工区升级而成，综合保税区拥有研发加工制造、口岸作业、仓储物流、国际中转、转口贸易等九大功能，是国内开放层次最高、政策最优惠、功能最齐全、运作最灵活、通关最便捷的海关特殊监管区域，也是江苏省长江以北第一家在出口加工区基础上转型升级而成的综合保税区。综合保税区对淮安全市及江苏北部地区的发展发挥重要的政策服务、大项目聚集和国际化平台作用。

淮安综合保税区由原先的 1.36km^2 单块园区发展成包括 2 个片区共 4.92km^2 的"一区两片"格局（即出口加工区周边的南片区和空港北片区）。根据规划，淮安综合保税区设保税物流、先进制造业、配套项目和口岸作业等四个功能分区，重点发展以 IT 为代表的先进制造业及以保税物流为主的现代生产性服务业，同时与淮安空港、运河口岸、连云港港口等实现联动互通，形成全国重要的电子信息制造业基地和国际化现代物流基地，有力推动淮安乃至周边地区开放型经济的快速发展。

5

第五章 淮河流域内河航运发展

137

第六章　淮河流域管道运输发展

第一节　管道运输概述

一、定义

管道运输是一种以管道为工具进行液体与气体物资的长途运输方式，是一种专门由供给地向需求地输送石油、天然气等化学产品的运输方式，是综合交通运输网络中干线运输的特殊组成部分。

管道运输业是中国新兴运输行业，是继铁路、公路、水运、航空运输之后的第五大运输业，它在国民经济和社会发展中起着十分重要的作用。管道运输通过修建地下管道将原油、天然气、成品油、矿浆、煤浆等介质送到目的地。

管道运输不仅运输量大、连续、迅速、经济、安全、可靠、平稳及投资少、占地少、费用低，并可实现自动控制。除广泛用于石油、天然气的长距离运输外，还可运输矿石、煤炭、建材、化学品和粮食等。管道运输可省去水运或陆运的中转环节，缩短运输周期，降低运输成本，提高运输效率。当前管道运输的发展趋势是：管道的口径不断增大，运输能力大幅度提高；管道的运距迅速增加；运输物资由石油、天然气、化工产品等流体逐渐扩展到煤炭、矿石等非流体。

就液体与气体而言，凡是在化学上稳定的物质都可以用管道运送。故此，废水、泥浆、水，甚至啤酒都可以用管道传送。另外，管道对于运送石油与天然气十分重要，管道运输作为五大运输方式之一，承担着我国77%的原油和99%的天然气运输，是能源运输的主要形式，为中国的能源产业提供了强大的运输支持。

专栏 1	管道运输的特性
优点	运输量大，耗能少、效率高，工程量小、占地少，建设周期短、费用低，安全性强、连续性强，减少运输距离、成本低，环境效益高。
缺点	专用性强，灵活性差，固定投资大，专营性强
运输形式	原油管道、成品油管道、天然气管道、固体料浆道

二、管道运输发展原则

从国际大环境来看，经济全球化迅速发展，国家间贸易愈加频繁，国际经济的一体化趋势加强，而着眼于我国当前的发展状况，经济的长足发展必须立足于更为完善的现代化综合交通运输体系。因此，我国的交通运输体系将会向更综合、更完善的方向发展。管道运输作为综合运输体系中必不可缺的一环，将会发挥出越来越重要的作用，提高管道运输在综合运输体系中的地位势在必行。

当前，我国工业化时代的交通建设任务还未完成，又面临信息时代发展新型交通运输事业的严峻挑战，为了能够更好地适应我国市场经济快速发展和全面建设现代化运输体系的需要，我国管道运输业必须走"以综合运输体系引导进步，以油气和新兴物料促进管道运输共同发展"的新型发展道路。

为进一步推动管道运输在我国综合运输体系中的发展，各级政府应遵循以下原则：

1. 发挥服务型政府功能

管道运输的各级部门要切实转变行政管理职能，将行政管理职能的重点转移到整体规划、政策引导、宏观调控、监督守法和协调服务等方面。与此同时，加强规划和合理运用管道运输建设资金、调整管道运输经济结构、监督国有资产运营，仍是现阶段管道运输行政管理部门的重要职责。各级管道运输行政管理部门要与其所属的各类企业脱离关系，让企业迈向市场，使其真正成为依法经营、平等竞争的市场经济主体。政府应发挥出社会中介的组织作用，规范各行政管理部门和机构的管理职能，充分发挥出市场经济运作

6

第六章 淮河流域管道运输发展

模式的作用，从而完成资源的优化配置。

2. 明确职责，协调监督

实现管道运输行政管理决策、执行和监督的分离和协调，逐个解决目前存在的管道运输行政管理政出多门、权责交叉等突出问题。精简机构，最大程度上合并相同或相近的管理职能和机构，是当今政府机构改革的重要内容，以达到减少管理层次、理顺关系、精简人员、优化结构、提高管理效率、降低行政成本的目的，同时便于最大程度发挥各级管道运输政府行政管理机构的整体效能，便于各层级之间的相互监督，有利于建立和形成交通快速反应机制，提高交通行政管理水平。

3. 坚持以人为本

坚持人民的主体地位，把满足广大人民群众的交通需求作为决策的出发点和归宿，从便民、利民出发，认真做好各项管理工作。提高管道运输在综合运输体系中的地位，决策过程中要坚持"以人为本、执政为民"的原则要求，以对人民群众负责、对社会大众负责的态度，摒弃部门利益、个人利益，顾全大局，着眼长远，转变观念，牢固树立服务意识，实现两个转变，即实现服务方向的转变和实现由管理型政府向服务型政府的转变。

4. 坚持依法行政

在发展管道运输过程中，要加强管道运输行政管理的制度化、规范化和法制化建设，逐步由行政手段管理向依法管理转变。加快实现依法行政，规范管道运输和综合运输体系中交通行政管理行为。加强行政执法队伍建设和监督管理。鉴于全国管道运输行业的整体性和区域性特点，各省（自治区、直辖市）之间的管道运输行政执法部门的机构设置、职能应相互统一，为政令畅通、统一执法奠定必要的基础。

三、国外管道运输发展

（一）国外管道运输发展历史

作为五大运输方式之一的管道运输，已有多年的历史，如今发达国家的原油运输量占总运输量的80%，成品油长距离运输也基本实现了管道化；天然气管道运输量达95%。

现代管道运输始于 19 世纪中叶，1865 年美国宾夕法尼亚州建成第一条原油输送管道，大大降低了运油成本。然而，管道运输的进一步发展则是从 20 世纪开始的，随着第二次世界大战后石油工业的发展，管道的建设进入了一个新的阶段，各产油国竞相兴建石油及油气管道，管道运输运距逐渐加长，管径逐渐加大，管道建设技术也取得巨大进展。

20 世纪 60 年代开始，输油管道的发展趋于采用大管径、长距离，并逐渐建成成品油输送的管网系统。同时，开始了用管道输送煤浆的尝试，全球的管道运输承担着很大比例的能源物资运输，包括原油、成品油、天然气、油田伴生气、煤浆等。

迄今为止，全世界油气管道干线长度已超 200 万 km，其中输油干线约占 30%。美国和苏联是世界上最大的油气消费国，已建油气管线长度分别占世界第一位和第二位，占世界石油管道总长度的 60%。

专栏 2　　　　　国外管道工业历史回顾

萨缪尔·凡·赛克尔（Samnel Van Sychel）于 1865 年首先在油区内铺设了第一条输油管道，该管道的管径约 50mm，全长约 8km，日输量 127m，每桶油的运价由马车运输的 2.5 ～ 5 美元降至 1 美元。

1877 年由哥伦比亚公司在该州又建起一条管径 76mm、长 96km、日输能力为 55615m³ 的输油管道。

1879 年建成了泰德—瓦特输油管道（Tide-ater Pipeline）。美国的第一条长距离输气管道于 1891 年在印第安纳州到芝加哥之间铺设成功。

当时的美国政府修建了两条长距离输油管道，一条管道叫"大口径"原油管道，另一条是成品油管道，叫"次大口径"。

1964 年苏联建起第一条"友谊输油管"；1977 年又修建了第二条"友谊输油管"。

1983 年苏联又建起一条输送天然气到西欧的管道。

1977 年美国建成投产的横贯阿拉斯加的原油输送管道最引人注目。

1983 年美国投产阿拉伯东西原油管道。

（二）国外管道运输发展现状

目前，全球的管道运输主要分布在北美洲和欧洲地区，北美地区原油管道发展最成熟，而俄罗斯是整个东欧地区的能源输出大国和跨国原油管网的起源国。

1. 美国原油管网概况

美国拥有非常庞大的原油管道输送网络，目前的原油干线管道里程约8.85万 km，其原油管道管网实现了自产原油、进口原油向炼油中心的输送。原油管道主要将得克萨斯州、俄克拉荷马州和路易斯安那州等地生产的原油运至墨西哥湾、库欣和中西部市场，并将加拿大原油通过跨国管道运往美国落基山和中西部地区。美国的原油生产和消费均列全球之首，且约50%的石油消费依靠进口。美国自己的石油产地主要集中在墨西哥湾和阿拉斯加地区，建设原油管道成为其首要任务。

> **专栏3**　　　　　　　　　　　**美国输油管道**
>
> 1865年，美国建成世界上第一条输油管道，管道长约8km，管径约50mm；1943年建成得克萨斯州至宾夕法尼亚州原油管道，管道长2158km，管径为600mm，是当时世界上最长的管道；1977年建成阿拉斯加原油管道，管道长1287km，管径为1219mm，输送能力达5600万吨/年，该管道管径大、输量高，且处于高纬度寒冷地带，计算机控制技术先进，当时吸引了全世界的瞩目。

未来，美国的原油管道建设规划将以提高现有管网输送能力为主。为适应更多的加拿大来油，近期规划中的原油管道主要有 Mainline 管道美国段、Keystone XL Pipeline 管道南段工程、Seaway 管道反输改造及扩建项目、墨西哥湾海岸项目等。

美国国内原油管道分为州内管道和州际管道，州内管道由各州管理委员会管理，州际管道由联邦能源管理委员会进行经济监管，运输部管道安全办公室进行安全措施监督。如果管道运营公司认为存在市场需求，则可提出管道建设申请，能源监管委员会将从管输费、环境等方面做出审查，并规定管输费的上限，但是，实际管输费可由管道公司根据具体情况调节。

2. 加拿大原油管网概况

加拿大已形成贯通东西成熟完善的原油管道管网系统，总长约 2.36 万 km。原油管道主要起自英属哥伦比亚省和阿尔伯塔省，向西延伸抵达加拿大和美国西海岸的市场用户，或从阿尔伯塔和萨斯喀彻温省向东行进供应加拿大东部市场，或向南抵达美国，向美国出口原油。加拿大大部分原油均由管道输送，约 2/3 的原油通过管道出口至美国。密集的原油管道管网把落基山东麓的产油区与消费区连接起来，并与美国的原油管道管网相通。北美省际原油输送管道是北美重要的原油管道，它北起加拿大的埃德蒙顿，南到美国的布法罗，贯穿了加拿大和美国，全长 2856km。

为加快油砂开发和疏通市场渠道，加拿大政府拟提高向加拿大东部地区、美国中西部、墨西哥湾地区和亚洲地区的原油供应，必将带来原油管道建设的新局面。加拿大绝大多数大型原油管道建设与运行由加拿大国家能源局（NEB）负责审批及监管。NEB 对原油管道建设、运输价格制订与修订、运营服务等全过程进行监管。

3. 俄罗斯原油管网概况

俄罗斯原油管道在世界油气管道管网中占据举足轻重的地位，俄罗斯将"能源外交"视为国际关系中的重要外交手段。目前，俄罗斯原油管道里程超过 5 万 km，形成了横贯俄罗斯大陆的原油输送管网，连接俄罗斯产油区与本国炼油厂及出口市场的原油管道系统，除满足本国管输需求，还向欧洲和亚太地区出口，依托管道实现原油市场多元化。

俄罗斯原油管网系统是在苏联原油管网系统基础上建立的。苏联第一条原油管道于 1886 年建于巴库附近，仅 12km。从 20 世纪 60 年代起，随着原油产量的迅速增长，苏联加强了原油输送管道的建设，以每年 6000~7000km 的速度递增，到 80 年代，全苏联原油输送管网建成。2007 年初，俄方决定提高白俄罗斯天然气和原油出口价格，使俄罗斯通过白俄罗斯输往欧盟国家的原油供应一度中断，为了摆脱油气管道过境他国带来的过境费用和受制于他人的局面，俄罗斯建设了波罗的海原油管道系统，管道绕开白俄罗斯出口欧盟国家。2010 年建成了东西伯利亚—太平洋原油管道，向中国供应原油。目前，俄罗斯原油输送管网总长超过 5 万 km，不仅输送俄罗斯原油，还输送来自阿塞拜疆、哈萨克斯坦和土库曼斯坦的原油。

> **专栏4　中俄原油管道**
>
> 　　中俄原油管道起自俄罗斯远东管道斯科沃罗季诺分输站，经中国黑龙江省和内蒙古自治区 13 个市、县、区，止于大庆末站。管道全长999.04km，俄罗斯境内 72km，中国境内 927.04km。按照双方协定，俄罗斯将通过中俄原油管道每年向中国供应 1500 万吨原油，合同期 20 年。中俄原油管道 2010 年 11 月 1 日进入试运行阶段。2012 年 9 月，中俄石油管道谈判历经 15 年，最终签约。

　　俄罗斯石油产量的 89% 通过俄罗斯石油运输公司原油输送管网运输，剩余部分由大型垂直一体化石油公司和独立生产商在独立的项目范围内通过其他干线原油输送管道运输，如里海管道财团管道（CPC 管道）、萨哈林 1 号项目原油输送管道等，或经铁路运输。

　　根据 2020 年前俄罗斯石油运输公司战略发展规划，俄罗斯石油公司计划大力发展干线原油输送管网系统，需新建约 2000km 管线。俄罗斯石油运输公司近期在建的原油输送管道有扎波利亚里耶—普尔佩—萨莫特罗尔管道、库尤姆巴—泰舍特管道、基霍列茨克—图阿普谢和里海财团管道扩建项目等。

　　作为原油的主要运输工具，俄罗斯干线原油管道属于国有资产，受政府的管理和控制。政府委托管道运输公司实施干线管道的日常管理和运营，并建立了两种基本制度，即管道使用权分配制度和运输价格决定制度，以实现管道利用的最优化和原油出口利益的最大化。管道运输公司是石油管道运输产业的自然垄断法人，其日常经营、管道建设等行为既受到《自然垄断法》《环境法》《环境影响评价法》等法律的约束，又受到能源部（能源部部长为公司董事会主席）、反垄断局、自然资源部、环境技术与原子能监督局等部门的监督。

（三）国外管道运输发展经验借鉴

先利用管道输送原油和天然气，后扩展到输送成品油、二氧化碳、乙烯等化工产品，美、俄等国还利用管道输送煤、铁矿石等。当前世界上共有管道运输干线约145万km，并且正以每年4万多km的速度建设新的管道干线。管道运输具有运量大、不受气候和地面其他因素限制、可连续作业以及成本低等优点，随着石油、天然气生产和消费速度的增长，管道运输发展步伐不断加快。如今，管道运输也被进一步研究用于散状物料、成件货物、集装物料的运输，并发展容器式管道输送系统。而国外的管道运输不仅技术发展更为完善，其管理体系也十分完善，值得我们学习和借鉴。

（四）国外管道运输发展带来的启示

1. 加强跨国、跨区域管道建设

跨国、跨区域管道建设是保障国家能源战略安全的必要手段。基于全球管道管网跨国的典型特征，我国管道管网也将顺势形成资源多元化、管道网络化、跨区域化、用户多样化的格局。管道不只是简单的能源输送通道，而且有着非常重大的战略意义。

目前，世界上先后形成了一些国际的、全国性的和地区性的大型原油管道。如：北美地区加拿大与美国、俄罗斯与欧洲和亚太地区的跨国原油管道管网连接，为资源国和消费国的原油贸易提供了战略基础，既实现了原油进出口的多元化战略布局，也稳定了原油供需，促进了原油贸易的蓬勃发展。

近年来，我国原油管道管网建设成绩显著，三大陆上（东北、西北、西南）原油进口战略通道初步构建。与美国8.9万km原油管网长度相比，我国原油管道总长约2万km，发展空间还很大。

我国应继续完善跨国、跨区域管道建设，加强与资源国、过境国的战略合作，保证原油资源的稳定供应，实现中国能源战略安全。

2. 加强资源战略储备设施建设

重视并同步发展资源战略储备设施建设，是适应资源需求规模增加的需要。发达国家建立战略石油储备的最初目的是应对石油危机，确保石油安全，随后用于平抑油价、增加财政收入等。石油储备倾向于更加注重经济效益，战略石油储备与商业储备的目标和作用趋于统一，是国外战略石油储备重要的发展趋势。

以石油为例，现阶段我国原油储备设施薄弱，抵抗外界风险能力有限，随着进口规模的扩大，需要完善原油储备设施布局，提高我国原油储备能力，降低能源供应风险。

3. 明确管道建设发展方向

管道建设应向高水平、高钢级、大口径、调度灵活、数字化方向发展。世界资源的发展、各地区消费量的增加以及区间贸易规模的不断扩大，促进了各国管道特别是跨国大口径长距离输送管道的大规模建设。

随着世界管道工业的快速发展，管道技术水平不断提高，各种新工艺、新材料、新技术、新设备不断开发应用。大口径、高压力管道的设计、施工技术已十分成熟，各国管道建设均趋于向大口径、高压力、高钢级、自动化等高水平方向发展。高压力和高钢级的联合采用是未来管道的发展趋势，能够实现减少投资、降低运营成本的效果。

20世纪70年代主要以X60、X65钢级为主，近些年管材冶炼技术发展迅猛，已发展为以X70、X80钢级为主流方案。

随着计算机和现代通信技术的发展，管道的控制和管理技术得到较大幅度提升，如管道的自动化管理和监控与数据采集系统（SCADA）已成为原油管道的标配技术，欧洲和北美地区已将数字化技术延伸到管道勘查选线、建设实施和运行管理等全方位的实践活动中。

随着未来我国原油管道输送规模的不断增加，管道输送和管理变得日益复杂化、系统化。为应对安全性、可靠性和经济性方面的高标准要求，有必要以SCADA系统为基础，将多媒体技术广泛应用到管道管理中，以提高管理操作的可视性和安全性，实现管道管网系统的智能化、网络化。

4. 关键技术和关键设备国产化

致力于关键技术和关键设备国产化，避免过多依赖引进设备面临的政治风险。随着我国大型管道建设的推进，关键技术、材料及装备国产化已成为一个趋势。

目前，我国主要原油长输管道采用的输油泵、大型阀门等管道关键设备多以进口为主，应加快关键设备的国产化建设，一方面降低管道备品备件费用，提高维修及时性；另一方面有利于国内设备制造技术的提升。同时由于国际形势复杂多变，关键设备的国产化可以避免政治、经济因素导致的断货等风险，保障国家能源供应战略安全。

随着国际原油贸易的增长，全球原油管道管网呈现出强劲的发展态势，特别是北美、俄罗斯等国的原油管道在设计、建设、管理、监管等方面已相对成熟，为我国的原油管道管网发展提供了较好的借鉴。

四、中国管道运输发展

（一）中国管道运输发展历程

管道在中国是既古老又年轻的运输方式。早在公元前 3 世纪，中国就创造了利用竹子连接成管道输送卤水的运输方式，可说是世界管道运输的开端。到 19 世纪末，四川自流井输送天然气和卤水的竹子管道长达 200 多 km。但现代化管道运输则在 20 世纪 50 年代方得到发展。

1958 年冬修建了中国第一条现代输油干线管道：新疆克拉玛依到乌苏独山子的原油管道，全长 147km。

60 年代以来，随着大油田的相继开发，在东北、华北、华东地区先后修建了 20 多条输油管道，总长度达 5998km，其中原油管道 5438km，成品油管道 560km。主要有大庆—铁岭—大连港，大庆—铁岭—秦皇岛—北京，任丘—北京，任丘—沧州—临邑，濮阳—临邑，东营—青岛市黄岛，东营—临邑—齐河—仪征等。基本上使东北、华北、华东地区形成了原油管道网。此外，新疆克拉玛依—乌鲁木齐，广东茂名—湛江等地也建有输原油管道。

1976 年还建成了自青海格尔木到西藏拉萨的 1100km 成品油管道。

1990 年初花土沟—格尔木输油管道启泵输油。

四川省于 1961 年建成中国第一条输气管道——巴渝输气管道。

1966 年又建成威远—成都输气管道。

1979 年建成从川东垫江县龙溪河—重庆—泸州—威远—成都—德阳干线及支线输气管道。至今四川省已建成输气管道 2662km。

20 世纪 80 年代以来，华东、华北地区的输气管道也有所发展，将各大油田产的天然气输向北京、天津、开封等城市。目前中国油、气管道仍在加紧建设。

至 1990 年底管道输送量已达 642 亿 t。管道运煤正在积极研究试验中。

1991 年初在辽东湾海域铺设长距离海底输气管道（锦州—兴城连山湾）。

此外，1991 年 3 月建成位于秦皇岛市的中国第一条最长液氨地下管道。

到 1996 年底，全国已建成长输油、气管道 395 条，其中，输油管道 178 条（原油管道 81 条，成品油管道 97 条）；输气管道 217 条（天然气管道 192 条，其他气体管道 25 条），总长度 17231.37 万 km。初步形成了东北、华北、中原、华东和西北广大地区的地下管道运输网络，全国石油、天然气产量的 90% 通过长输管道源源不断地输向炼油厂、化工厂及海运码头。与此同时，我国的管道运输科技水平也具备了相当的实力和规模，已能运用国际标准承建大口径、长距离油气输送管道和 10 万 m^3 新型储油罐，管道可在江河底下 30m 处穿江越河，并与法国、日本等国的大公司合作，在国外承建管道 1700 多 km。

2000 年 2 月国务院第一次会议批准启动"西气东输"工程，这是仅次于三峡工程的又一重大投资项目，是拉开西部大开发序幕的标志性建设工程。它把中国西部地区的天然气向东部地区输送，主要是新疆塔里木盆地的天然气输往长三角地区。输气管道西起新疆塔里木的轮南油田，向东最终到达上海，延至杭州。途经 11 省（自治区、直辖市），全长 4000km。设计年输气能力 120 亿 m^3，最终输气能力 200 亿 m^3。2004 年 10 月 1 日全线贯通并投产。

该工程采取干支结合、配套建设方式进行。投资巨大，整个工程预算超过 1500 亿人民币，经济和社会效益十分显著。据初步测算，与进口液化天然气相比，塔里木天然气到上海的价格至少便宜 6 分钱，具有很强的竞争力，从而大大加快新疆地区以及中西部沿线地区的经济发展，相应增加财政收入和就业机会。同时中外投资双方对生态环境保护问题都十分重视，在施工前进行了严格的环境和社会评价，建立健全了国际通用的"健康、安全、环保管理体系"，在设计和施工上处处强调了对环保的要求。

2007 年，中国已建油气管道的总长度约 6 万 km，其中原油管道 1.7 万 km，成品油管道 1.2 万 km，天然气管道 3.1 万 km。中国已逐渐形成了跨区域的油气管网供应格局。随着中国石油企业"走出去"战略的实施，中国石油企业在海外的合作区块和油气产量不断增加，海外份额油田或合作区块的外输原油管道也得到了发展。

"十一五"期间，中国加快油气干线管网和配套设施的规划建设，逐步完善全国油气管线网络，建成西油东送、北油南运成品油管道，同时适时建设第二条西气东输管道及陆路进口油气管道。

未来 10 年是中国管道工业的黄金期，除得益于中国经济的持续快速发展和能源结构的改变，建设的中俄输气管线、内蒙古苏格里气田开发后将兴建的苏格里气田外输管线、吐库曼和西西伯利亚至中国的输气管线等，不仅为中国，也为世界管道业提供了发展机遇。

（二）中国管道运输发展现状

管道运输业是中国新兴运输行业，是继铁路、公路、水运、航空运输之后的第五大运输业，它在国民经济和社会发展中起着十分重要的作用，管道运输是利用地下管道将原油、天然气、成品油、矿浆、煤浆等介质送到目的地。2006 年末，全国输油（气）管道里程为 48226km，其中输油管 24136km，输气管 24090km。2006 年底，管道输油（气）能力为 66948 万 t/a，其中输油能力 57530 万 t/a，输气能力 9418 千万 m^3/a。

新中国成立以来，油气管道运输经历了从初始发展（1958—1969）到快速发展（1970—1987），再从稳步发展（1988—1995）到加快发展（1996 年至今）的四个阶段，管道总里程从 1958 年的 0.02 万 km 增加到 2008 年的 6.4 万 km。目前管道运输已经成为我国陆上油气运输的主要方式，贯通东南西北、连接陆路与海洋的油气战略通道也在逐步建立。

（三）中国管道运输存在的问题

作为综合运输体系的重要组成部分，管道运输在我国综合运输体系中的地位有待进一步提升。我国现有干线管道运力不足，管道网络化程度仍然较低，与管道配套的天然气调峰设施建设滞后，成品油管道运输比例低，部分油气管道老化，安全隐患突出，政府监管体制和法规体系尚不健全。今后我国应着力加快管道运输网络体系和配套的天然气调峰设施建设，大力促进管道运输科技进步，多管齐下，确保管道运输安全，实现油气管道运输的资源多元化、供应网络化、调配自动化。

第二节　淮河流域管道运输发展特点

一、淮河管道运输发展的必要性

（一）构建综合交通运输体系的需要

综合运输体系是铁路、公路、水路、航空、管道五种运输方式在运输范围内，根据各自的运输特性组建起来的，是一个合理分工、有机结合、连接贯通、布局合理的交通运输综合体。五种运输方式各有优势，综合运输体系就是将各自的优势组合起来，形成一个更为完善和高效的整体。

首先，随着经济社会的不断发展，科学技术取得巨大进步，交通运输方式也由单一化向多样化发展，运输距离加长，效率提高，运输的工具也越来越复杂，形成一个更为综合和统一的运输体系；其次，各种运输方式在综合运输体系中有机联系起来，在合理分工的基础上，形成了协作配合、优势互补的高效过程。通过分析运输业的发展历史和现状，一方面多种运输方式需要协作配合、优势互补才能使运输生产的过程更加有效率和完善，另一方面在运输市场和技术的发展上，各类运输方式又不可避免地存在着相互竞争，从而在竞争中推动革新，相互促进共同发展。两种作用的交互下，综合运输体系便可以在长期过程中由低级向高级发展，由单一向综合发展。而管道运输作为五大运输方式之一，是推动综合交通运输体系发展的一大关键。

（二）世界管道运输事业蓬勃发展

近年来，随着全球经济的持续上涨以及各个国家对能源需求的不断增加，世界石油和天然气管道的发展加快，建设规模和发展水平都有了很大的提高。亚太地区国家和美国的石油运输需求的增长促进了油气管道建设的发展，欧洲地区的管道建设也更为完善，覆盖范围增加。仅以 2008 年为例，全世界投产使用的运输管道里程就达 21552km，其中包括输气管道里程 1.2 万 km，原油管道 0.65 万 km，成品油管道 0.29km；管道直径范围为

4~10 英寸的管线里程达 1000km，管道直径范围为 12~20 英寸的管线里程达 5900km，管道直径范围为 22~30 英寸的管线里程达 3600km，管道直径大于 32 英寸的管线里程达 1 万 km。由此可见，世界范围内管道运输事业发展十分迅速，与此相比，我国的管道运输事业仍处于发展的初步阶段，提高管道运输的投入、促进管道运输技术革新是迫切要求。

（三）淮河流域管道运输事业发展的重要性

淮河流域地理位置优越，资源丰富，是我国重要的交通走廊，具有重要的战略地位，但目前而言淮河流域的综合交通运输体系有待完善，各类运输方式缺乏联动，综合程度不高，辐射力和影响力发挥不充分，建设有机结合、协调发展的综合立体交通网络是当务之急。除此以外，我国最重要的管道工程"西气东输"工程一线、二线均通过淮河流域，淮河流域管道能源运输的重要性不言而喻。要想建设好综合运输网络，沿淮管道运输的建设是一大重点。必须完善管道运输基础设施，推进跨区域管道建设，同时注重配套建设输配体系和储备设施，促进管道运输的网络化发展。

（四）淮河流域管道运输事业仍需改善

淮河流域正处于综合交通运输体系建设时期，管道运输作为其中重要的一环，其发展水平有待提高，地位也有待进一步提升。随着其他运输方式的不断发展，淮河流域的管道运输更要加快脚步，补齐短板，研究建设沿淮盐卤、成品油、液化天然气、碱液、氢氧运输管道网络，充分发挥管道运输的优势，建设更为完善合理的管道运输网络体系。

二、淮河流域管道运输发展优势与劣势分析

（一）优势

（1）淮河流域能源资源丰富，资源互补性强。淮河地区资源储量丰富、品种繁多，煤盐碱资源具有显著优势，是华东地区重要的能源基地。同时随着新能源产业的发展，淮河流域因拥有丰富的氢氧资源，也迎来了新一轮的发展机遇。

（2）管道运输作为新型运输产业，发展前景广阔。沿淮管道的规划建设，与传统运输业互相补充，相辅相成。新型管道的建设大多依托原有的运输网

络，同时也发挥出管道运输自身效率高、安全性强、环境效益好的优势，成为能源运输中的新型产业，发展前景十分广阔。

（3）国家政策支持。沿淮管道承接了"西气东输"的一、二线工程，享受特殊的政策优惠，有利于推动管道运输网络以淮河干线为中心，向外辐射和发展，带动淮河城市带发展并向中东部地区扩散。

（二）劣势

（1）管道运输作为淮河运输体系中的一种新型运输方式，仍处于发展的初步阶段。运输方式的选择竞争大。与传统的运输方式相比，管道运输专用性强，灵活性差，固定投资大，都是运输选择竞争中的劣势。

（2）综合立体交通有待发展。目前淮河流域各类交通方式均处于迅速发展的过程中，但各类运输方式缺乏有机衔接，管道运输还未达到与水运、铁路、航空运输等方式连接完善的水平，这是沿淮管道运输进一步发展的难题之一。

（3）缺乏高科技的投入，虽然目前管道运输技术已得到一定的发展，但是随着资源需求的不断提升，管道的工艺与建设技术都有待进一步提高。

三、淮河流域管道运输现状

目前，淮河流域综合交通网建设加快推进，沿淮管道网络的建设也取得了重大进展。到 2020 年，新建原油管道 500km 以上，原油管道达到 1500km；新建成品油管道 500km，成品油管道达到 1500km。江苏省天然气主干管网形成 "五横八纵" 干线输气网络，里程达 3400km，实现天然气管网县区全覆盖。

其中，原油、成品油输送管道重点项目包括：日照（连云港）至仪征原油管道复线、连云港炼化一体化一期配套（连云港—徐州—商丘）成品油管道、鲁宁线（江苏段）安全隐患整治等项目。天然气输气主干管道重点项目包括：中俄东线江苏段、青宁管道、滨海液化天然气外输管道、沿海管道等项目。

尽管近些年来淮河管道运输业发展速度较快，但实际上管道的建设仅仅进入快速发展的初期，管道网络的规模和覆盖度仍然很落后。但是，同样也预示着管道运输发展空间巨大，未来管道运输在我国综合运输体系中的地位越来越高。而淮河流域作为一条生态能源走廊，管道运输的建设更是必不可少。

　　　　　　江苏液化天然气接收站工程

　　近年来，随着我国能源结构加速调整，液化天然气这一清洁能源需求量与日俱增。江苏液化天然气接收站因为地处长三角经济中心，成为全省乃至整个长三角地区液化天然气供应的中心。经过10年的发展，接收站在现货和长贸气源方面已经实现了量的积累、质的提升。投运近8年来，累计接卸25个国家液化天然气超2500万t，外输总量超350亿m³。2018年7月，中俄能源合作重大项目——亚马尔液化天然气项目向中国供应的首船液化天然气通过北极东北航道运抵江苏液化天然气接收站，由此开启了亚马尔项目向中国供应液化天然气的新篇章，也为我国的清洁能源供应带来了新气源，今年将正式启动亚马尔液化天然气项目。该项目常态化运营后，江苏液化天然气接收站将在原有卡塔尔、澳大利亚高庚长贸项目的基础上，再添一大气源生力军，为进一步推动能源绿色低碳转型发挥重要作用。

四、淮河流域管道运输存在的问题

1. 管道运输在综合运输体系中的地位仍然较低

　　与其他运输方式相比，管道运输在货物运输市场中的份额仍明显落后。尤其是成品油管道运输比例很低。美国有约15万km的成品油管道，成品油管道运输比例达到47%（水运23%，公路29%），管道运输是成品油输送的主要方式。我国成品油管道的发展明显滞后于欧美，淮河流域同样也有类似问题，成品油运输仍以铁路、公路等其他运输方式为主。

2. 现有干线管道运力不足

　　由于油气管道总里程较少，总体运力不足。与迅速增长的石油、天然气需求相比较，淮河流域如今的管道干线建设仍缺乏足够的运输能力。资源产地与市场分布不均衡，导致油品调运不及时和不灵活。近年来，虽然加快了成品油管道的建设，但是，由于我国成品油供应和需求增长较快，管道建设依然不适应市场发展的需要。除了资源不足以外，局部的管道运输瓶颈也是造成天然气等资源供需紧张的原因之一。

3. 管道网络化程度仍然较低

淮河流域的管道运输主要集中在江苏等地，覆盖范围不够大，网络化程度较低。由于联络线较少，联通程度也不够，缺乏可用于灵活调剂的天然气等管道运输资源。天然气、成品油支线网络建设更不能满足市场需求。以天然气为例，天然气市场基本沿主干线开发，只有少量支线，而美国天然气支线里程达到320万km。由此可见，管道的网络化建设迫在眉睫。

4. 管道运输配套设施建设落后

管道运输配套设施包括地下储气库、调峰设施等，配套设施不仅能起到稳定供气的作用，还能充分发挥管输能力，提高管道输送效率。沿淮管道网络的配套设施和运输体系建设还不够完善，分布也还需更加合理化。

5. 管道安全隐患突出

我国现有油气管道中的60%已运行20年左右，特别是东部一些原油管网已经运行了30年以上，存在管线老化、自动化程度低、通信设施落后、储存设施超期服役等问题，进入事故多发期，需要不断进行调整改造，而淮河流域的管道网络同样存在着类似的安全隐患。此外，自然灾害和人为破坏等因素造成的管道安全隐患也十分突出，油气管道的控制与运行形势日益复杂，加强管道运输安全保障迫在眉睫。

6. 政府监管体制和法规体系不健全

油气管道运输具有自然垄断的特点，因此，政府的监管必不可少。目前，淮河流域对管道运输的监管体制及其法律法规建设相对滞后，与管道发达国家相比，在管道运营、市场准入、安全、环保及管道运输费用和服务等方面尚未建立全面完善的监管制度。另一方面，淮河流域管道运输网络作为一项跨区域性的大工程，且与"西气东输"工程密不可分，其对于各级政府、各个部门之间的统筹与协调有更高的要求，政策法规的完善是沿淮管道运输发展的一大保障。

第三节 完善淮河流域管道运输

一、完善七大管道运输体系

当前，淮河流域管道运输网络雏形已现，接下来要以促进淮河流域经济合作发展为目标，贯彻东中部协调发展的战略方针，扩大管道规模，完善管道网络布局，逐步形成总量适当、布局合理、功能明确的管道网络体系。通过对淮河流域资源分布、产业布局、供需平衡分析，统筹规划、合理布局沿淮管网，加快建设主干管道，配套建设输配体系和储备设施，提高原油、成品油管输比例，增加天然气供应能力。加快油气管道互联互通，推动形成以沿淮干线管道为主轴、连接淮河城市群的能源资源供应保障体系。

要重点规划完善淮河流域七大管道运输体系：滨海—淮安—蚌埠—淮南—淮滨、滨海—淮安—徐州—商丘 LNG 管道；淮安—连云港、淮安—响水、淮安—滨海、淮安—蚌埠—淮滨盐卤水管道；桐柏—淮滨—霍邱—寿县—淮南—蚌埠—淮安天然碱管道；连云港—淮安—蚌埠—淮南成品油管道；连云港—新沂—宿迁—淮安—天长成品油管道；滨海—淮安—蚌埠—淮南—淮滨氢气管道；滨海—淮安—蚌埠—淮南—淮滨氧气管道。

1. 盐卤输送管道

淮河地区的盐卤输送管道主要是将地下卤水从江苏淮安采集，依托淮安—滨海、淮安—蚌埠—淮滨输卤管道，送到淮河上下游地区化工企业和相关港口。完善盐卤输送管道建设，首先要加大科技投入，提高设计能力，加强管线的输卤能力，提高管线运输效率。同时也要注重环保与安全，完善相关的标准与规范，着手解决采盐采卤管道结垢、管道建设过程中产生的生态破坏、盐卤管道泄漏时可能造成的环境污染等问题。

2. 成品油输送管道

主要依靠淮安、连云港的炼油企业，以沿淮成品油输送管道为主骨架，以区域性管道网的小规模、短距离的支线管道为基础，连接炼油基地与主要消费中心城市，形成布局合理，安全、快速、灵活的成品油管道运输系统，满足淮河流域蚌埠、淮南等大部分城市用油需要，并部分供应南京、徐州、合肥等地区。

完善成品油运输管道，统筹全省原油、成品油管网布局。有序推动管道项目建设和原有老旧管道增输改造，形成布局合理、连接全省主要炼厂和主要终端市场的原油、成品油输送网络，重点推进连云港—徐州—商丘成品油管道等项目建设。优化成品油管道的设计与输送技术，推动沿淮成品油管道输送效率的提升，供应更广阔的市场。

3. 完善碱液输送管道

依靠桐柏的天然碱资源，建设桐柏—淮滨—蚌埠—淮安—滨海的天然碱输送管道，满足淮河流域经济发展需要，并将部分产品从滨海港出口。目前，沿淮碱液输送管道较为单一，缺乏更为广阔的市场，因此可以发挥桐柏的资源优势，促进资源的互补性流动，推动淮河地区共同发展。同时完善沿线地区天然碱储配设施，实现天然碱资源的有效调控。

4. 完善 LNG（液化天然气）输送管道

淮河流域拥有建设 LNG 输送管道的天然优势，滨海港是江苏沿海十分难得的建设 LNG 码头的优良港址。盐城市政府与中海油石油天然气发电公司签订了《关于共同推进江苏滨海港 LNG 利用项目建设的协议》。规划建设滨海—淮安—徐州—商丘（辐射河南、山东市场）、滨海—淮安—蚌埠（辐射安徽市场）LNG 输送管网。

与此同时，要加大天然气管网覆盖，推动天然气管道网络的跨区域发展。加强干支管网建设，重点建设中俄东线江苏段、青岛—南京等输气管道，加快推进南通（海门）—苏州（常熟）过江管道建设。强化跨省联络，重点建设江苏沿海管道及其辐射安徽、河南的横向支干线等，发挥沿海 LNG 接收基地立足江苏、服务长三角、辐射中部省份的作用。同步推进一批支线管网建设。合理布局管道运输网络。以现有油气输送管网为基础，积极接入全国主干管网，加强与相邻区域互联互通。加强天然气储气库和主管网建设，加大长输管线及输气支管网建设力度，结合国家"西气东输"工程，布局建设全流域的主干管网输送体系，加快天然气干网管线和配套支线、储气调峰设施建设，加快建设淮安地下储气库，规划建设连云港原油储备库。

5. 完善氢气、氧气输送管道

淮河流域氢氧资源丰富，应利用淮河流域及沿海丰富的风电资源，探索建设 2000 万～4000 万千瓦大规模海上风电和沿淮低风速风电非并网直接制氢氧产业，通过氢气、氧气输送管道输送到淮安、蚌埠、淮南、淮滨化工产业加工地，推动煤盐碱化工产业绿色化改造与发展。同时，也要注意氢氧输送管道的安全性。由于氢气密度小、容易着火和气化，管道储存和运输过程中也面临泄漏和爆炸的危险，氢氧运输管道的安全性风险较高，值得注意。

另外，要加大科技和资金投入。氢气、氧气作为新能源，未来市场庞大，但是前期建设投入资金巨大，而我国的新能源研究也在一些核心技术攻关上存在着短板。淮河流域的氢气、氧气输送管道建设要以淮河干流地区为中心，带动淮河支流运输走廊建设，推动管道运输网络由淮河向东中部地区扩散，带来更广阔的市场动力。

二、推动管道运输生态化建设

沿淮管道运输可能会对生态环境造成一定程度的破坏。管道建设期间，陆上施工对农田作物会产生不可避免的短期影响，管线的建设临时和永久性占地会对淮河区域农业、畜牧业有一定的影响，施工期管线敷设、开挖和钻机穿越作业，将对沿程的生态环境包括农业、林业、种植业、养殖业、水产资源和植被造成破坏，改变土壤结构，影响土地利用，引起水土流失；河流的穿越施工可能影响到水生物的洄游和栖息环境，破坏动植物及其生存环境，穿越河流施工产生的弃渣和施工行为会对施工作业区附近的地表水环境质量产生影响。管道在个别村落和公路铁路的穿越，还将对社会经济环境（居住区和道路交通等）产生影响；施工中设置的临时土方及弃渣堆放场，如遇雨季防护措施不当，易造成新的水土流失，增加沿线区域水土流失量；施工作业时间、方式不当，将引发不良的生态后果。管道运输期间，由于管道的密闭性，正常情况下不会对大气环境产生影响，也不会对沿线区域的地面水和地下水产生影响，但当发生管道泄漏等事故时，会对环境造成较大破坏。

针对以上情况，应采取以下措施：在施工过程中，尽量减少对淮河水资源的破坏，在过河的施工过程中，采取有力措施，加强对水生生物、鱼类的保护，尽量减少对水体的改变和影响。为防止江河生态环境受到影响，大中型河流穿越选用定向钻穿越方式，小型河流穿越采用大开挖方式进行施工时，要选择在枯水期进行。

严格控制施工作业带宽度，不能任意扩大施工占地。在施工过程中合理堆放和处置挖方土，减少占地和对环境的影响程度。在码放管道时，要合理安排，尽量节约存放面积，减少对土地原貌和自然环境的破坏。管线建设完毕后及时尽量恢复沿线地表原貌，比如种植新的草地和其他与新环境相宜的植物，使土壤生态环境的影响得到有效控制。

制定恢复与补偿规则。根据基本农田保护条例与土地法的要求、依据"占补平衡"的原则，对破坏的农田采取补偿与恢复措施；对砍伐树木就地或异地予以补偿，尽量减少对沿线自然生态环境的破坏。工程施工过程中，必须文明施工，有序作业，尽量减少农作物的损失。因地制宜选择施工时间，最好避开农作物生长季节，以减少农作物的单产损失。

减少管道事故风险，提高操作人员的素质和管理水平，防止或减少事故风险的发生，确保管线的正常运行。定期检查在水下穿越的管道安全防护带有无设置码头、抛锚、挖泥、淘砂、拣石及疏通加深等作业。制定严格的运行操作规章制度，对操作人员进行岗位培训，防止误操作带来的事故风险。按规定进行设备的维修、保养，更换易损及老化部件，防止跑、冒、滴、漏的发生。

建立周密的泄漏事故处理应急系统。在管道的两端设置流量计，并安排巡线工进行分段巡检，对在岗职工进行事故紧急处理培训，配备专用指挥和调度通信系统以及完备的泄漏监测和检测系统，配备较为完善的泄漏清理设施和工具。制定完善的管道风险事故应急计划，即使事故发生，也能作出迅速有效的反应，制止事故蔓延扩大，并对事故可能的后果尽早采取有效措施，使之对环境造成的潜在影响降到最小。

三、加强国际国内油气管道体系衔接

随着淮河流域国际性大港口的逐渐形成，国际市场的大门随之打开，要想发展更为完善的管道运输体系，就要统筹兼顾国际和国内两个市场，尤其在石油和天然气管道建设方面，如果能够与国际国内管道体系衔接起来，对于提高管道运输在淮河流域综合运输体系中的地位具有重要意义。因此，要从国家战略角度充分把握油气管道运输问题，提前规划建设与周边国家的陆上输油气管道，并充分考虑国际与国内管道网络和原油加工地的衔接，形成对外畅通、对内方便的管网体系。

四、完善相关政策

管道运输是五种运输方式中专业性较强的运输方式，也是构成我国综合运输体系的重要运输方式之一。尽管近些年来淮河管道运输业发展速度较快，但实际上管道的建设仅仅进入快速发展的初期，管道网络的规模和覆盖度仍然很落后。这也表明管道运输发展空间巨大，未来管道运输在我国综合运输体系中的地位将越来越高。而淮河流域作为一条生态能源走廊，管道运输的建设更是必不可少，淮河流域管道运输发展一大助力就是政策的规范与支持。沿淮管道的建设有利于淮河流域资源多元化、供应网络化、调配自动化供应格局的形成，符合当前的政策要求，建议交通管理部门加强管道通道体系建设、运营的调控与引导，统筹规划布局区域性的油气通道，加强行业管理。充分运用法律、行政、科技等手段，推动管道各项技术发展、管道网络覆盖面延伸。在管道运营监管方面，随着淮河管道网络的不断扩大，对各级政府的协调要求也越来越高，应调整和完善相关的管理机构，从运营方式、费率制订、管网准入、普遍服务以及质量安全、环保等方面加强监管，完善相应的法规。

第七章　千里淮河新能源运输走廊发展

第一节　新能源运输走廊概述

一、定义

新能源，又称非常规能源，是指石油、天然气等传统能源之外的各种能源形式，具体指刚开始开发利用或正在积极研究、有待推广的能源，如太阳能、地热能、风能、海洋能、生物质能和核聚变能等。还有一个名词一般与新能源相伴出现，那就是"可再生能源"。可再生能源，顾名思义，就是可自动再生的能源。但是新能源与可再生能源实质上是不一样的，由于"新能源"与"可再生能源"在内涵释义上既有交叉部分又有互不相容之处，所以，在中国学术界，学者们对其范围的界定存在较大争议，故一般统称为"新能源和可再生能源"。"新能源"是一个发展着的概念，是那些还没有得到广泛应用而且目前正在发展着的能源，随着科技的发展和技术的进步，它的意义将逐渐丰富起来。与传统化石能源相比，新能源具有分布广、储量丰富、环境污染少等优点。

由于目前被广泛利用的煤炭、石油、天然气等常规能源对环境具有极大的破坏性，同时它们的不可再生性也决定了它们日渐减少，无法维持人类的可持续发展需求。在这种情况下，新能源受到了越来越多的重视。根据1980年联合国召开的"联合国新能源和可再生能源会议"，新能源的定义为：以新技术和新材料为基础，使传统的可再生能源得到现代化的开发和利用，用取之不尽、周而复始的可再生能源取代资源有限、对环境有污染的化石能源，重点开发太阳能、风能、生物质能、潮汐能、地热能、氢能和核能。

就目前而言，新能源的运用主要体现在电力方面。即通过技术，将新能源转化为电能加以利用。在我们的生活中，接触得较多的新能源一般是太阳能、风能等，例如风靡我国的太阳能热水器和拥有巨大扇叶的风力发电机。在某些地区，地热能也得到了广泛的应用，温泉其实就是地热能的最基本体现。除此之外，波浪能、洋流能和潮汐能、氢能、沼气等也是在被研究推广的新能源。我国目前可以形成产业的新能源主要包括水能（主要指水力发电）、风能、生物质能、太阳能、地热能等。例如三峡水电站、西北风力发电厂等。

运输走廊是指一定区域内，连接主要交通流发源地，有共同流向、一般由可供选择的几种运输方式组成的宽阔地带。其形成取决于一个国家或地区的地理、历史条件、自然资源状况、生产力布局及经济发展水平等因素。运输通道按范围大小可以划分为国际运输通道、国家运输通道、区际运输通道和区内运输通道。运输走廊具有以下基本特征：一是几种运输方式干线组成的地带，没有明确的边界，但也可以是单一的运输干线。二是所经地带一般经济发展水平较高，人口集中，客货流密集。三是在运输体系中占重要地位，以占运输网线路较小比例的干线承担较大比例的客货运输量。

我国著名的"丝绸之路"就是运输通道的雏形。现代运输通道不少是在古代道路基础上发展起来的，是社会经济发展对运输需求急剧扩大的产物。当然，运输走廊不一定都是运输平常实物，如南水北调工程，就是一个庞大的运输通道，将水资源源源不断地输送到北方。

新能源运输走廊，顾名思义，就是用来运输新能源的通道，这些通道七横八纵、互相交错构成了一个运输体系，将各地区的新能源运往天南地北，使其得到最大程度的利用。例如我国的西气东输、西电东送等工程，这些线路互相联系，共同构成了新能源运输走廊。

二、国外能源运输走廊发展现状

（一）国家扶持发展

当今世界资源短缺、危机加剧，新能源大放异彩，已经成为各国的重点研究对象。但是由于新能源研究属于高新技术研究，存在一次性投入大、研发风险和市场风险高的特点。虽然新能源是新兴重点产业，但是目前石油、天然气等传统能源仍是主要能源，短期来看其未来收益还不明确。因此在这种情况下，以利润最大化为目标的企业对新能源研发的投资难以作出果断决定，从而延滞了新能源技术的进步发展；而技术的缓慢进步以及产品质量的不如人意等因素影响新能源产品的消费市场，进而使得新能源产品市场难以扩张、规模效应无法实现，由此进一步加大了新能源产品的生产与交易成本，形成恶性循环。因此，为了促进新能源技术的发展，提升竞争力，世界各国政府都出台了一系列政策措施扶持新能源产业的发展研究，同时都依据自身实际情况制定出了明确的发展目标。

例如，美国预计到 2025 年，太阳能、风能等可再生能源技术将代替石油成为人类能源体系的重要组成部分，计划新能源发电比例在 2025 年占比达到 25%，同时加大投资加速插电式混合动力汽车的商业化；德国预计到 2050 年可再生能源发电量要超过总发电量的 50%，并逐步加大对太阳能、生物能的研发和应用；日本构想在 2030 年以前，石油占能源总量的比重将由现在的 50% 降到 40%，而新能源将上升到 20%，要把太阳能和风能发电等新能源技术扶植成商业产值达 3 万亿日元的基干产业之一，燃料电池市场规模到 2010 年达到 8 万亿日元，成为日本的支柱产业。

新能源的发展很依赖于自然环境，无论是太阳能还是风力等。由于自然资源的不均衡，各地区之间的新能源发展也存在不均衡、不充分的问题。有的地区短缺不足，有的地区极其富足。这就需要统一协调、共同合作，需要建立大量的运输线路，达到彼此补充的目的，实现区域均衡的目标。而这些共同形成了运输走廊。要实现新能源的快速发展，使其成为支柱能源，运输走廊的建设必不可少。

虽然新能源现在还存在一些缺陷，但是作为未来发展的新基点，世界各国都将新能源作为本国发展的重要战略，大力扶持本国的新能源发展以抢占先机。新能源运输走廊的建设，将使全国统一协调发展、实现新能源效益的最大化。可以说新能源运输走廊的发展是一项决定国家前途命运的重大举措。

（二）国际合作共进

前文提到，正是由于各地区新能源发展程度不同、产生效益不同，为了促进区域平衡、最大程度利用新能源，新能源运输走廊才得到快速发展。不同国家之间也同样存在这样的问题。各国之间的资源储备差异更大，这些差异不仅仅包括水电、核能等新能源，石油、天然气等能源更是差异巨大。因此这种国际需求供给关系决定了能源运输管道的存在必然性。同时，能源出口目前有巨大的利益，在利益的驱使下，多个国家之间都建造了跨国能源运输管道。

俄罗斯是数一数二的资源大国。俄罗斯有世界最大储量的矿产和能源资源，是最大的石油和天然气输出国，石油探明储量 800 亿桶（2019 年），占世界探明储量的 5% 左右，居世界第八位。天然气储量为 48.8 万亿 m^3，占世界探明储量的 1/3 有余，居世界首位。而欧洲国家则普遍缺乏资源，尤其是对天然气等化石能源需求较大。因此，欧洲是俄罗斯天然气出口的主要市场，2017 年，俄罗斯向德国出口天然气 534 亿 m^3，对奥地利、捷克、斯洛伐克、荷兰和丹麦的供气份额也出现不同程度的增长，其中对奥地利供气增幅达 40%，来自俄罗斯的天然气占欧盟进口的 44%。由于俄罗斯资源总储量的 80% 分布在亚洲部分，因此为了满足巨量的能源运输，俄罗斯与欧洲之间建造了多条运输管道，俄罗斯管道天然气占欧盟进口总量的 43%。

专栏 1　俄罗斯与欧洲之间的四大运输管道工程

（1）"亚马尔—欧洲"天然气管道。"亚马尔—欧洲"天然气管道起于西西伯利亚亚马尔半岛，经白俄罗斯、波兰到德国柏林，管道全长约 2000km，其中俄罗斯段长度为 402km、白俄罗斯段 575km、波兰段 680km，管径 1420mm，设计压力 8.4MPa，输气能力 330 亿 m^3/a，沿线设置 31 座压气站，于 1999 年建成投产。该管道的建设，优化了俄罗斯天然气的出口流向，提高了向欧洲供气的灵活性和主动性。

（2）"蓝溪"天然气管道。1997 年 12 月，俄罗斯与土耳其签订了关于修建"蓝溪"天然气管道的政府间协议，商定在 25 年内向土耳其提供 3650 亿 m^3 天然气。该管道起自俄罗斯境内伊扎比热内，经黑海海底至土耳其首都安卡拉，管道全长 1213km，其中，俄罗斯段为

373km、土耳其段为444km，海域段为396km。

管道采取变径工艺方案，俄罗斯平原段管径1420mm、山区段管径1220mm，海底段管径610mm、双管敷设，土耳其部分管径1220mm。管道最高设计压力为25.1MPa，设计输量160亿 m^3/a。该管道总投资32亿美元，其中海底管道部分投资为17亿美元，由俄罗斯和意大利共同修建，费用平摊，于2005年11月建成通气。

"蓝溪"天然气管道是世界上最深的海底管道，最深处达2150m。该管道的修建使俄罗斯成功打入土耳其的天然气市场，进而打开了地中海市场，并进一步扩大了与欧盟各国的天然气合作。

（3）"北溪"天然气管道。为减少第三方过境国对出口天然气管道的影响，2005年俄罗斯总统普京和德国前总理施罗德达成修建"北溪"天然气管道的协议。该管道从俄罗斯列宁格勒州维堡港出发，穿过波罗的海，在德国格赖夫斯瓦尔德登陆，单管道长1224km，管径1220mm，设计压力为22MPa，输气能力为275亿 m^3/a，双管并行敷设。

该管道项目总投资为110亿美元，其中俄气公司持股51%、德国意昂集团和温特沙尔石油公司各持15.5%股份、荷兰天然气公司和法国燃气苏伊士集团各持9%股份。"北溪"第一条管道于2011年11月8日正式投入使用，第二条管道于2012年10月份开始商业供气。届时该管道系统总输气能力达550亿 m^3/a，可满足欧洲10%的天然气需求。

"北溪"天然气管道的修建，开辟了俄罗斯运输天然气至欧洲的新路径，首次实现不经过第三方国家直接将俄天然气管网和欧洲管网相连，有利于向北欧和西欧提供稳定的天然气供应，保障长期能源安全。目前，"北溪"天然气管道合资公司正在研究铺设第三条、第四条海底管道的必要性和可行性。

（4）"南溪"天然气管道。为进一步实现天然气出口渠道多元化，俄罗斯天然气股份有限公司和意大利埃尼公司于2007年6月成立"南溪"天然气管道公司（各持股50%），共同发起"南溪"天然气管道项目。

该管道起自俄罗斯新罗西斯克，穿越黑海海底，铺设到保加利亚瓦尔纳，然后再分为两条支线：一条经希腊通向意大利南部，另一条穿越塞尔维亚、匈牙利、保加利亚通向奥地利、德国等西欧国家。管道总长2386km，其中海底管道长931km，管径810mm，设计压力27.73MPa，四条管道并行敷设，每条管道输送能力为157.5亿 m^3/a；陆上部分管道长1455km，管径1420毫米，设计压力10MPa。

这些跨国运输管道满足了各国的能源需求，同时由于其运输安全、运输方式简单、运输容量大、运输成本低等优点，成为许多国家运输能源的优先选择。当然世界上还有其他诸多能源运输管道，国家内部也有这样的能源运输走廊。经过对比，可以明显地看出，世界上的跨国能源运输走廊与一国或一个区域内的运输走廊有显著区别。

跨国的能源运输走廊，主要是为了经济利益，管道运输运输量大、方式简单、成本低，符合需求供给方的各自利益。同时由于国与国之间的复杂关系，一些管道建造的过程与内涵也更丰富，程序也烦琐得多。例如俄罗斯与欧洲之间的"北溪"天然气管道，该管道将俄罗斯天然气直接运往德国。然而美国就该工程的建造多次施压，导致该工程的前途扑朔迷离。而一国或一个区域内的能源运输管道工程，不仅仅是为了谋取一定的经济利益，更是为了平衡各地之间的资源，避免资源的无谓浪费，使资源得到充分利用。例如中国的西气东输、西电东送等工程，除了给沿途各地带来了经济效益，更全面促进了各地的发展。

总的来说，国外的能源运输走廊有了较大的发展，这也给我国新能源运输走廊的建设提供了一些启发：首先新能源是未来发展的趋势，我们必须抓住机遇，把握先机。新能源技术的发展是基础，运输走廊的建设是提升，只有二者相辅相成才能使新能源发挥更大的效益。其次，在未来全球化的时代，各国之间都是互相交融、互相协作的，尤其是能源等决定国家命脉的资源，它会深刻地改变世界的格局与发展。资源的不均衡与利益的驱使，决定了国与国之间的新能源运输走廊会有长足发展。我国也要把握战略机遇，积极参与其中，不仅要打好坚实的内部新能源基础，更要营造良好的外部新能源环境。

三、我国新能源运输走廊发展

（一）发展历史

新能源运输走廊是在新能源的基础之上发展起来的，正是因为地区之间的新能源发展不均衡，有的地区富余、有的地区短缺，才需要运输走廊来彼此沟通，来对新能源进行运输，实现新能源的区域均衡，从而使新能源得到充分利用。因此讨论我国新能源的运输走廊发展，必须先厘清我国的新能源发展。

我国的新能源发展从国家层面来说是比较早的，我国"六五"计划期间，也就是 20 世纪 80 年代初期，新型可再生能源技术就开始被列入国家重点科技攻关计划。这是在国家科委组织的能源战略研究中第一次把新能源、可再生能源作为未来国家发展的一个战略组成部分。虽然国家把新能源发展作为我国的一个能源发展战略，但是由于当时新能源的开发还处于起步阶段，技术还不成熟，成本也比较高，无法实现大规模应用。同时由于国家处于经济发展期，煤炭、石油等资源储量大，传统能源能够满足发展需要，对新能源的需求不高。因此当时新能源很难对经济和社会产生重要影响，主要处在研究开发和应用示范的阶段。当时的发展方针是"近有实效、远有前景"。"近有实效"主要是指发展农村的小沼气、小水电，特别是生物质能。这对当时我国农村的好多地区、特别是缺少商品能源供应的地区起到了很大作用。沼气或者说生物质能后来在部分农村有了良好的发展，一定程度上解决了农村资源不足的问题。当然，国家当时也发展了风能、太阳能等清洁能源，但是由于技术以及资金的限制，该时期取得的成果有限。

随着我国科技的不断进步和经济实力的不断增强，20 世纪 90 年代，国家在这方面的投入力度也越来越大。这个阶段的显著标志是在 1992 年召开的联合国环境与发展大会上第一次提出的可持续发展问题。在国际上普遍开始重视开发清洁能源的背景下，我国也加大了投入。在此期间，我国通过国内研发、组织国际合作等方式积极发展可再生能源，与美国、欧洲等许多国家合作，在中国建立了再生能源试验项目，如内蒙古的风能、太阳能等。也引进了一些国外先进技术，包括我国与欧盟委员会在浙江大陈岛成功建成的风能、太阳能、潮汐能和生物质能的综合性可再生能源示范基地。

　　到了21世纪，由于能源问题与环境问题日益突出，国家把新能源发展放到了一个更为重要的战略位置，出台了多项政策法规来支持发展新能源，并制定了相应的规划目标。我国的新能源得到了迅速发展，新能源的应用更进一步。例如我国大力支持新能源汽车的发展，公共交通汽车都使用上了清洁能源；电动车正取代摩托车成为国民代步车等。同时我国在大西北地区大量修建风力发电站、光伏发电基地等，我国的风能、水能、光能等都形成了规模，可再生能源的利用已经形成了一定产业。我国的新能源发展趋势越来越好，在能源应用中正发挥着越来越大的作用。

专栏 3　　　　　　　　我国四大风力发电厂

（1）新疆达坂城风力发电场。这是新疆最早的风力发电场，也是全国规模开发风能最早的实验场。1989年10月，发电厂并入乌鲁木齐电网发电，当时无论是单机容量和总装机容量，均居全国第一。此后，发电厂不断扩大，雄居全国首位。

（2）内蒙古辉腾锡勒风电场。这里曾经是亚洲最大的风力发电场，地处内蒙古高原，海拔高，又是一个风口，风力资源非常丰富，10m高度年平均风速为7.2m/s，风力发电场为草原新景，被誉为"中国最美的风力发电场"，它使众多的游客驻足参观，流连忘返。

（3）浙江临海括苍山风电场。这里是华东地区规模最大、全国第四大、世界相对海拔最高的风力发电场，总投资23430.5万元，共安装风力发电机组33台，每台600kW，总装机容量1.98万kW。

（4）甘肃酒泉千万千瓦级风力电场。这里是我国第一个千万千瓦级风电基地，也是目前世界上最大的风力发电基地。酒泉千万千瓦级风力电场是国家继西气东输、西油东输、西电东送和青藏铁路之后，西部大开发的又一标志性工程，被誉为"风电三峡"。截至2016年底，酒泉市风电装机达915万kW，占全省风电装机的71.6%，全国的6.2%；光伏发电装机165万kW，占全省的24%，占全国的2.5%。

（二）发展现状

进入21世纪以来，国家越来越重视新能源。特别是在党的十七大报告中提出的2020年全面小康社会目标，其中一条就是要建设生态文明。建设生态文明的一个具体内容就是显著提高可再生能源的比重，进一步大力发展可再生能源。在节能减排方面也明确了要积极利用可再生能源，十七大报告中也再次确立了可再生能源的地位。

我国的新能源事业得到长足发展，发展势头良好。目前我国新能源发展主要是以水能、风能与光伏能为代表。截至2019年底，中国大陆发电装机总容量为2010.66GW，其中风电、太阳能、水电、核电的占比分别达到10.45%、10.18%、17.73%、2.42%；2019年中国大陆总发电量达7.3253万亿kW·h，风电、太阳能、水电、核电的贡献分别为 5.54%、3.06%、17.77%、4.76%。

新能源基本盘的良好发展态势，也进一步促进了我国能源运输走廊的建设。我国能源运输走廊的基本思路是以多补少、以西补东。西部拥有大量的风能、太阳能等自然资源，但是由于发展的限制，自身无法消费完产生的能源。而东部由于自然条件的限制又无法很好地实现新能源的发展，因此东西互联就成了重要途径。我国建立了大量新能源运输走廊来连接东西部，实现新能源的互通，例如西气东输、西电东送等工程。

专栏4   **西电东送工程**

"西电东送"是"西部大开发"的标志性工程。"西电东送"就是把煤炭、水能资源丰富的西部省区的能源转化成电力资源，输送到电力紧缺的东部沿海地区。由于我国煤炭资源主要分布在西部和北部地区，水能资源主要集中在西南地区，东部地区的一次能源资源匮乏、用电负荷相对集中。能源资源与电力负荷分布的不均衡性决定了西电东送的必要性。"十五"期间，"西电东送"形成北、中、南三路送电线路：北线由内蒙古、陕西等省（自治区）向华北电网输电；中线由四川、重庆等省（直辖市）向华中、华东电网输电；南线由云南、贵州、广西等省（自治区）向华南输电。"西电东送"带动了中国设备制造业、电力施工业、建材业等的发展。北部通道：将黄河上中游水电和山西、内蒙古坑口火电厂的电能送往京津唐地区。中部通道：将三峡和金沙江干支流水电送往华东地区。南部通道：将贵州乌江、云南澜沧江和广西、云南、贵州交界处的南盘江、北盘江、红水河的水电以及云南、贵州两省坑口火电厂的电能开发出来输送到广东。西电东送工程不仅促进了西部经济发展，促进了生态环境的改善，同时推动了区域协调发展，实现了资源优化配置。

目前许多新能源的运用以电力为主，即将风能、太阳能等资源转化为电能加以利用。在新能源运输走廊的建设中，电力网的搭建就是基础。长距离的电力运输存在诸多问题，一是输送距离有限，二是输送容量有限，三是电力损耗过大。因此我国发展了特高压技术。所谓的"特高压"是指800kV及以上的直流电和1000kV及以上交流电，它可以有效解决普通高压存在的长距离运输问题，使我国的东西互联发展更进一步。目前我国已经建成了"三横三纵一环网"的路线，取得了一定成效。我国新能源的发展与应用可以说正走在世界前列，运输走廊也初步形成了全国网络，发展前景可期。

（三）发展问题及趋势

目前我国的新能源发展趋势良好，可再生能源的利用已经形成了一定的规模。但是在数据背后也隐藏了一些问题，那就是新能源的地区优势与隔阂——各地区根据自身资源优势发展新能源，但是产生出来的电量因为地域距离、输送成本等原因没有很好地利用，使得一些新能源被白白浪费掉了。例如2019年，新疆风力发电弃风率为14.0%、弃风电量达66.1亿kW·h；甘肃弃风率为7.6%、弃风电量达18.8亿kW·h；内蒙古弃风率为7.1%、弃风电量达51.2亿kW·h。三省（自治区）弃风电量合计为136.1亿kW·h，占全国弃风电量的81%。在水力发电方面，我国往往把水电机组作为调峰或备用机组，不重视水力在常规时期的发电应用，也造成了水电的巨大浪费。

各地自然资源的不同造成了各地的新能源发展不均衡，也造成了发电量与用电量的不匹配。例如我国90%的水电可开发装机容量集中在西南、中南及西北地区，而经济发达的东部沿海地区能源资源短缺，能源消耗量大。如果不及时跨地域输送将导致一些清洁能源被白白浪费掉。虽然有了"西电东送""西气东输"等能源运输工程，以及最近几年为了缓解弃风现象以便充分利用资源而出台的风电并网措施，但是问题的有效解决还需要一定时间。

有需求才有供给，我国虽然新能源发展较早，但是由于资金、技术等实际情况的限制，早期并不存在新能源跨区域输送的需要。正是由于近些年我国的新能源发展进入到一个新的阶段，亟须一个总调控来进行新能源的分配供应，以确保新能源的效益最大化，新能源运输走廊应声而起，并且迅速发展，取得了较大的效益。

东西之间的协调是国家共同富裕的必然，资源优势互补对我国进一步实现发展目标意义非凡。尤其是在我国特高压技术实现突破的技术支持下，长距离运输的限制越来越少，新能源运输走廊的建设也更进一步完善。我国地域辽阔，地区差异巨大，新能源运输走廊的搭建不仅仅是为了充分发挥新能源的效益，更是实现地区均衡的重要举措。我国在新能源发展及运输走廊的建设上，走在了世界前列，这种发展态势必须要保持。从现在的发展趋势及国家规划来看，新能源的发展是必然，全国一盘棋也是必然。因此，新能源运输走廊在后期还将会得到持续发展并发挥出更大作用。

第二节　淮河新能源运输走廊发展特点

一、发展现状

淮河流域交通四通八达，生态气候稳定，毗邻长江三角洲等经济发达地区，是我国很好的交通要地，也是我国中东部最具发展潜力的地区之一。国家对其的战略定位之一就是要建成流域生态文明建设示范带。在这种发展背景下，淮河流域也在大力发展新能源产业。由于淮河生态经济主要涉及江苏、山东、安徽、河南、湖北五省，而这些地区的一些自然资源有限，因此对于淮河流域来说，新能源发展更多的是作为中转站来运输新能源。根据淮河经济带的发展规划，将建设多条运输管道，加强淮河流域的能源运输能力。首先是以现有油气输送管网为基础，积极接入全国主干管网，加强与相邻区域互联互通。加强天然气储气库和主管网建设，加大长输管线及输气支管网建设力度，结合国家"西气东输"工程，布局建设全流域的主干管网输送体系，加快天然气干网管线和配套支线、储气调峰设施建设，加快建设淮安地下储气库，规划建设连云港原油储备库。建立整体性管道，连接到全国性管道运输系统，提升区域带动效应与运输流动性。

同时依托淮安—连云港、淮安—滨海港、淮安—蚌埠输卤管道，推进跨区域盐卤输送管道、配套建设输配体系和储备设施建设；建设泌阳—桐柏—淮滨—蚌埠—淮安—滨海港的天然碱输送管道，同步完善沿线地区天然碱储配设施。扩大淮河流域的存储能力，扩展能源运输种类。并且以淮安为中心枢纽，建设覆盖整个淮河生态经济带的成品油输储网络；建设平顶山叶县地下储气库、西气东输二线平泰支干线禹州至漯河天然气支线工程、西气东输天然气信阳支线工程；建设一批天然气区域干网、支线管网工程及配套储气调峰设施。研究规划建设徐州—皖北等跨区域天然气管道；规划发展海上风电和沿淮低风速风电非并网直接制氢氧产业，加强氢气、氧气输送管道建设；建设日照—仪征原油管道复线连云港支线、中石化新粤浙管线豫鲁支线。淮河流域的运输规划，整体以现有系统为源，延展其辐射范围能力，加强全域沟通、实现对外联通，目前许多重大工程项目都已取得进展。众多能源运输系统的打通扩展，构建起通畅的运输走廊，加强了淮河流域的能源运输能力，提升了淮河流域的能源运输节点地位。

专栏　　　　　　　　　　**中石化新粤浙管线**

中国石化新疆煤制天然气外输管道工程（新粤浙管道）是国家核准的大型能源项目，根据新粤浙管道项目公司发布的新疆煤制气工程环评公示，新粤浙管道包括一条干线、五条支线，年输气能力为 300 亿 m^3。干线起点为新疆伊宁首站，终点为广东省韶关末站，途经新疆、甘肃、宁夏、陕西、河南、山东、湖北、湖南、江西、浙江、福建、广东、广西 13 个省（自治区）。支线则包括准东、南疆、豫鲁、赣闽浙和广西五条。工程共设工艺站场 58 座，其中包括 23 座压气站。根据计划，长达 8280km 的新粤浙管道总投资将达到 1590 亿元，无论是总长度还是投资额，都大大超越西气东输三线。总投资高达 1200 多亿元的新粤浙管道预计总长度为 7373km，配建储气库和 LNG 应急调峰站，哈密地区 5 亿 m^3 煤制天然气项目工地目标市场为新疆、甘肃、浙江、两广等 13 个省（自治区）。为落实气源，中石化将在新疆配套建设 200 亿 m^3 煤制气项目。根据中石化与多方签署的购销协议，华能、华电、国电、中电投、河南煤化工、徐州矿物、万向控股、广汇能源和新疆励晶煤业共 9 家企业的煤制气项目每年还将为该管道提供 400 亿 m^3 天然气。

淮河流域作为四通八达之地，其本身的航道、港口、铁路、公路等传统运输就极具有优势。此次国家规划建设中，又布局加强了其管道运输建设，进一步促进了其运输能力。管道运输不仅仅用于新能源，石油、天然气等传统化石能源或者天然碱等其他能源用管道运输也可以很好地减少成本。管道运输的建设，完善了淮河流域的运输系统，提升了流域的整体承载能力。淮河流域的新管道运输与传统运输相结合，不仅为淮河流域的经济增长注入了新活力，同时极大地促进了淮河的运输能力，使其运输走廊的搭建更进一步，为淮河流域发展迈入新篇章打下了基础。

二、发展优势

淮河流域规划建设以氢氧能源运输为主的新能源运输管道，具有一定的优势。

1. 流域交通发达

淮河流域地处运输节点，本身的传统运输就发达，流域交通枢纽地位突出。京沪、京九、京广三条铁路干线纵贯南北，陇海及新（乡）石（臼）、宁西铁路横跨东西，高速公路四通八达。主要航道有京杭大运河和淮河，大型海港有连云港、日照港，航空港有郑州、徐州、临沂、阜阳等。淮河原有的运输线路，为其管道运输建设奠定了良好基础。流域内运输走廊的建设很多可以依赖其原本高度发达的运输能力进行，例如石油管道建设就依托原有的石油运输管网。淮河流域重要的交通节点以及本就发达的运输系统，为淮河流域新能源运输走廊的发展打下了良好基础。

2. 流域氢能资源丰富

淮河流域沿海沿河，具有丰富的水能资源，例如江苏沿海风电场（海上风电三峡）可以提供大规模海上风电和沿淮低风速风电，还有许多发电场正在建设中。这些基础设施保障了氢能运输走廊所需氢能的持续供应。

新能源发展目前来说还处于技术升级阶段，尤其是新能源的具体运用，例如电动车、新能源电池等，都是技术前沿。淮河流域高校众多，人才充足，技术上有保障；同时地处交通节点，集聚了大量的资本。这些促进了新能源技术的升级，进一步帮助了淮河流域新能源运输走廊的发展。

3. 国家政策红利

新能源是国家发展的战略目标，国家已多次强调各地发展新能源的重要性。早在 2009 年 3 月，国务院发布的《汽车产业调整和振兴规划》就提出要大力发展节能和新能源汽车，并在政策上给予支持，对自主创新的新能源汽车实施政府优先采购，同时要求"推广使用节能与新能源汽车"。淮河流域建设新能源运输走廊、发展氢氧能源建设，符合国家发展目标，在政策上得到大力扶持。并且氢氧能源的市场化运用目前已具有一定的规模，氢氧新能源汽车已经进入了实用阶段，越来越多的人开始接受并使用电动汽车，新能源的市场越来越庞大。淮河流域的新能源发展符合市场走向，具有很高的盈利期望。政策与市场的双支持，加速了淮河新能源的发展，促进运输走廊的建设。

三、发展劣势

从目前的规划建设来看，淮河流域的新能源走廊以氢氧运输管道为主，以其他能源管道为辅。氢氧能源的确是目前新能源发展方向之一，具有一定的超前性。虽然淮河流域的新能源发展前景可期，但是仍存在一定不足。

1. 投入资金大，回报不明朗

以氢氧能源为主要发展对象需要大量的资金。氢能主要用于新能源汽车等技术，而新能源汽车的运用必须依靠加氢站等基础设施，未来市场庞大，但是前期建设投入巨大。例如，美国阿贡国家实验室提供的研究报告指出，利用现存的或者相近的商业技术来建造氢生产基础设施的成本将高达 6000 多亿美元。目前，每辆燃料电池车的成本高达 2 万美元，如此高昂的成本限制了氢能技术的广泛应用和规模化生产。而氢氧能源的盈利能力目前尚不明确，市场风险阻碍了基础设施的建设，也限制了新能源运输走廊的发展。

2. 新能源结构单一，动力不足

新能源种类繁多，但淮河流域以氢氧能源为主，围绕其建设氢氧运输管道构建新能源运输走廊，结构单一。同时氢气密度小、容易着火和气化，在氢气的制取、储存和运输过程中，都可能面临泄漏和爆炸的危险，而现在的技术条件还无法完全保证氢能在不同状况下的安全性能。氢氧运输管道的安全性风险较高。因此淮河流域的新能源运输走廊的未来发展可能动力不足。

3. 核心技术仍待发展

技术是第一生产力，新能源目前的发展仍是技术为先。我国虽然在新能源领域取得一定进展，但是在一些核心技术上仍然存在一定短板。以目前新能源运用最为广泛的新能源汽车为例，我国虽然有一批汽车企业和关键零部件企业已在新能源汽车、电池等关键零部件领域形成较强研发能力和较高技术水平，但还面临着电池、电机电控系统等关键核心技术的瓶颈问题。国产新能源汽车无法在国际上形成有效竞争。核心技术的限制阻碍了新能源的发展，也在一定程度上影响着新能源运输走廊的建设。

第三节　完善淮河新能源运输走廊

一、完善新能源运输走廊的基本思路

新能源是未来发展趋势，越早布局新能源就越能抢占先机，淮河流域新能源运输走廊的建设对我国在新能源领域的发展具有重要作用。目前已经取得一定成就，后续的各种规划也已提上日程，但是就发展状况来看，淮河新能源运输走廊仍有一定的完善空间。新能源技术的发展是基础，新能源现实的运用是重点。新能源运输走廊的建设就是为了更好地实现新能源的运用，充分发挥新能源的优势。淮河新能源运输走廊的建设，关乎着地区未来的发展、国家的前景。千里淮河氢能运输走廊的基本思路是：以淮河流域风电场为依托，建设沿淮氢能运输走廊示范区；以淮河干流、入海水道为中心，重点突破，带动淮河支流、京沪运河、公路等氢能运输走廊建设；循序渐进，依次推动，从淮河干流地区向东中部地区扩散，带动我国氢能运输。

建设新能源运输走廊，自身的新能源基础必不可少。淮河流域主要发展的新能源是利用风电直接制氢氧能源，同时利用运输走廊输送到其他区域。淮河本身氢能资源丰富，丰富的氢能为氢能运输走廊的建设打下了必

要基础。淮河流域充分利用沿海条件，建立大批海上风电场，保障了氢能的持续供应。

氢氧运输管道

　　氢气输送是氢能利用的重要环节。一般而言，氢气生产厂和用户会有一定的距离，这就存在氢气输送的需求。按照氢在运输时所处状态的不同，可以分为气态氢输送、液态氢输送和固态氢输送。前两者是目前正在大规模使用的两种方式。根据氢的输送距离、用氢要求及用户的分布情况，气态氢可以用管网，或通过高压容器装在车、船等运输工具上进行输送。管网输送一般适用于用量大的场合，而车、船运输则适合于量小、用户比较分散的场合。液态氢、固态氢运输方法一般是采用车船输送。氢气的密度特别小，为了提高输送能力，一般将氢气加压，使体积大大缩小，然后装在高压容器中，用牵引卡车或船舶进行较长距离的输送。在技术上，这种运输方法已经相当成熟。我国常用的高压管式拖车一般装 8 根高压储气管。其中高压储气管直径 0.6m，长 11m，工作压力 20MPa，工作温度为 -40 ~ 60℃，单只钢瓶水容积为 2.25m^3，重量 2730kg。连同附件，这种车总重 26030kg，装氢气 285kg，输送氢气的效率只有 1.1%。由于常规的高压储氢容器本身重量很重，而氢气的密度又很小，所以装运的氢气重量只占总运输重量的 1% ~ 2%。它只适用于将制氢厂的氢气输送到距离不太远且氢气用量不大的用户。按照每月运送氢 252000m^3，距离 130km，目前氢的运送成本约为 0.22元 /m^3。对于大量、长距离的氢气输送，可以考虑用管道。氢气的长距离管道输送已有 60 余年的历史。最早的长距离氢气输送管道 1938年在德国鲁尔建成，其总长达 208km，输氢管直径为 0.15 ~ 0.30m，额定的输氢压力约为 2.5MPa，连接 18 个生产厂和用户，从未发生任何事故。欧洲大约有 1500km 输氢管。世界最长的输氢管道建在法国和比利时之间，长约 400km。目前使用的输氢管线一般为钢管，运行压力为 1 ~ 2MPa，直径 0.25 ~ 0.30m。

同时淮河流域氢能基础设施一体化建设优势明显，打造新能源运输走廊事半功倍。沿淮氢能运输走廊可以以高速公路、航道为基础，在现有加油站、港口、在建高速公路加油站的基础上修建加氢站，氢气以管道或拖车输送至各加氢站，并在加氢站自备电解水制氢设备，完善氢气供应链体系，快速推进氢能高速公路基础设施建设。项目可以分段实施，以江苏沿海风电场为中心推动大丰—淮安—蚌埠的氢能运输走廊基础设施建设，进而推进淮河沿线其他路段建设。可以看出，淮河的新能源运输走廊建设以氢氧能源运输管道为基础，结合风电、水电等其他新能源运输，以现有的运输管道为本，进行升级扩展提升，淮河流域新能源运输走廊建设未来可期。

淮河流域新能源运输走廊的建设发展，不仅仅可以提升淮河运输节点的地位，带来经济的发展，更是淮河流域产业升级的一次良机。以淮河流域港口为平台，以淮河氢能运输走廊开发为契机，从产业低碳化、交通清洁化、主要污染物减量化、可再生能源利用规模化等方面全面开展节能减排综合示范。发挥示范带动作用，促进发展方式转变，推动节能减排目标实现，加快建设资源节约型、环境友好型社会。同时以氢能运输为点，构建氢能交通装备制造产业带、促进产业升级转型。运输走廊的建设将促进淮河流域调整交通装备产业结构、转变发展方式，打造高质高端高效氢能交通装备制造业，以自主创新和产品结构优化升级为动力，坚持以龙头企业为骨干，以产业园区为支撑，推进淮河流域氢能交通装备制造业规模化、高端化、集群化、品牌化发展，着力提高企业核心竞争力、产品配套水平和产品品牌附加值。并且以风电为辅，重点发展风电及制氢装置和天然气船舶、汽车及零部件，大力推动交通装备产业走创新驱动、集约带动的发展道路。

二、完善新能源运输走廊的着力点

1. 加大政策扶持力度

新能源运输走廊的建设不仅仅涉及一条运输通道，更涉及了能源技术、产业发展、市场升级等多方面。只有新能源的技术底子打好了，新能源产业的扩展完善了，市场的终端准备充足了，起到沟通连接作用的运输走廊才能更好地发展、充分实现价值。新技术只有得到市场终端的认可，才能长久发展下去。而作为兴起阶段的新能源，发展仍面临着不少困难，这需要政策的大力扶持。

另外，政策扶持不仅仅只体现在加快运输走廊发展方面，也应促进新能源相关产业的发展。淮河新能源运输走廊以氢能运输走廊为主，政府首先要出台氢能运输走廊建设的相关产业政策，实施氢能源补贴政策，减免有关税收，落实扶持氢能源汽车产业政策，颁布氢能源站点土地征用政策等，为氢能源应用的基础设施和产业发展扫除障碍。同时，制定氢能相关国家标准，加大氢能消费宣传，推动氢能源国际化交流与合作，促进氢能源的发展升级。

2. 着力实现技术突破

技术是新能源运输走廊发展的重要支撑，只有实现核心技术的重点突破，才能掌握话语权。要鼓励高等院校开设新能源技术相关专业，引导学生对重点技术进行钻研；注重高层次高技术人才培养，强化多层次科研机构和人才科研团队建设；建设国家级氢能研发机构，设立氢能技术研发基金，加大对技术研究的资金支持。氢能汽车、氢能轮船等产品的实际消费是发展能源循环经济的重点，要加大载运工具开发技术的研发力度，确保产品的先进化与市场化；努力突破制约循环经济发展的技术瓶颈，实现技术的前沿化与自主化。

3. 充分发挥企业主体作用

新能源具有广阔的前景，未来市场庞大。提前布局市场，不仅能产生大量收益，同时能够为新能源发展提供源源不断的动力，能够倒逼新能源技术不断提升、促进新能源升级。企业在布局市场中扮演着重要角色，应充分发挥企业在布局新能源市场中的主体作用。

鼓励企业联合政府相关部门和研发机构等共同努力打造氢能运输产业园，进行氢能运输走廊的推广示范。加大产品升级，着重推进淮河流域氢能交通装备制造业规模化、高端化、集群化、品牌化发展，着力提高企业核心竞争力、产品配套水平和产品品牌附加值。

4. 畅通融资渠道与模式

新能源的前景广阔，未来可期，但是前期的投入巨大。技术的研发投资、产业的相关升级、企业的产品投入等，都需要巨大的资金支持。为确保资金安全，解决发展的后顾之忧，要制定氢能产业投融资保障制度，拓宽融资渠道，保证融资的畅通。同时创新投融资模式，建设投融资多元化主体，社会、政府与企业共同联合，保障资金投入。

淮河新能源运输走廊的建设与发展，是淮河航运开发的一项重大战略举措，对优化交通能源结构、带动城市综合发展、促进城市群的形成、节约能源和保护环境等均有重大作用。氢能运输走廊建设将推动节能减排示范建设，促进城市群走新型工业化、新型城市化道路。淮河流域应坚持能源开发与节能并重、把节能放在首位的方针，以节能和提高能源利用效率为核心，以能源综合利用和发展循环经济为重点，以改革开放和科技进步为动力，推动体制、机制创新和技术、管理创新。同时促进沿淮城市综合运用经济、法律、行政、科技等多种手段，采取更加有力的措施全面节约能源，加快经济发展方式转变，建立节约型的生产模式、消费模式和城市建设模式。

7

第七章

千里淮河新能源运输走廊发展

第八章　淮河流域综合交通运输服务体系发展

第一节　综合交通运输服务体系概述

服务是交通运输的本质属性。综合交通运输体系发展至今，内外部环境和阶段需求发生了深刻变化，交通服务由传统的满足最基本的交通需求发展阶段进入结构调整、转型升级、提质增效为主要特征的发展阶段，呈现出新的发展态势。一是服务需求加速升级。随着生活水平的提高，人们对于生活质量的要求逐渐升级，出行、物流等与人们生活质量息息相关，自然而然被纳入需求升级范畴内，人们不再简单要求通过交通顺利实现空间转移和货物能够安全到达目的地，开始渴求更舒适、更方便、更省时、更经济等，对普惠均等、安全便捷、经济高效等方面的运输需求更趋强烈，个性化、多样化、高品质需求也同步快速释放。二是服务模式加速创新。进入 21 世纪，信息化水平大幅提升，移动互联网、5G、大数据等不断被探索应用到生产生活的方方面面，以互联网为代表的一系列数字化技术逐渐被引用到交通运输领域，基于移动互联网技术的运输服务新兴业态不断涌现，市场主体活力充分释放，服务产品更加多元、精准、智慧。三是运输结构加速调整。在交通强国战略指导下，基础设施网络加快完善，交通领域科技水平突飞猛进，大量创新成果被应用于交通，叠加交通市场需求改变与升级等因素，公、铁、水、空、管等各种运输方式从竞争、独立转向竞合、协同，一体化运输组织模式得到创新发展，运输结构不断优化。四是市场资源加速整合。随着市场经济活跃程度的提升，生产要素流动更为频繁，生产生活活动对交通运输服务需求更为强烈，运输服务与流通业、旅游业、农业、工业等渗透程度逐渐加深，运输服务跨行业、融合式发展态势将更趋明显。

针对综合交通运输领域呈现出的新态势，构建完善的综合交通运输服务体系便是伴随这种新态势出现的"孪生兄弟"，从概念上来看，综合运输服务体系是一个要素的系统集合，在这一系统集合内，各类服务主体根据自己的职能定位，依托各类生产要素生产以综合运输服务为核心的各类服务。该系统集合以优化运输资源配置、提高综合运输效率、满足客货运输需求为直接目的，根本目的是实现综合运输体系与社会经济和资源环境的协调发展。运输服务体系的构建能够真正实现现代化综合交通体系建设的目标，促进综合运输服务升级，让客运更便捷、物流更高效、城市更通畅、运输保障更有力，必须实现交通运输业由建设为主向建设与服务并重转型，如果说综合交通运输基础设施是为满足交通需求的"量"，那么交通服务体系则是为满足交通需求的"质"，唯有从"质"和"量"两方面来共同推动，才能真正实现综合交通运输体系战略目标，全方位地满足国家战略、公众、产业等对交通的需要。

专栏　　　　**综合交通运输服务体系评价要素**

一是普惠均等，交通运输公共服务水平显著提升，城乡物流配送网络进一步健全，实现乡乡设网点、村村通快递；二是便捷高效，综合交通运输枢纽不同运输方式之间换乘距离、换乘时间不宜过长，具备多式联运服务功能的综合运输枢纽（物流园区）得到快速发展，各级行政区城乡客运一体化发展水平较高；三是智能智慧，交通服务与新一代信息技术实现深度融合；四是安全可靠，运输安全体系基本健全，安全风险控管体系初步建立，运输服务可靠性显著提高；五是绿色低碳，绿色运输体系更加健全，资源集约利用成效显著，清洁能源和新能源汽车以及各项节能新技术、新设备、新产品得到更大范围推广。

淮河自古以来就在交通运输上扮演着重要角色，以隋唐时期为例，隋唐三百年间，淮河流域交通有一定程度的开发，从淮西到淮海地区，从黄淮之间到江淮之间，都有许多系列性的开发工程。新中国成立后，尽管针对淮河投入更多的是治理淮河洪水问题，但是在发展淮河交通上，也投入了大量人力与物力，修建淮河流域铁路、公路、水运等交通基础设施，为淮河流域综合交通体系建设打下了一定的基础。伴随着"交通强国"战略以及淮河生态经济带战略的提出，淮河流域交通发展迎来了重大机遇，综合交通建设水平取得了大幅提升的政策支持，综合交通运输网络初步形成，交通运输供给能力基本能够满足交通基础需求，但是交通运输服务体系尚未建立，在"普惠均等、便捷高效、智能智慧、安全可靠、绿色低碳"等方面存在较大欠缺，交通运输服务体系仍有较大发展空间。

以淮河流域快速铁路网覆盖城市为例，选取淮河生态经济带所包含的28个地级市为研究对象，28个城市中，有25个城市已经被快速铁路网覆盖，但是江苏省盐城市，山东省济宁市、菏泽市等仍未通高速铁路网，快速铁路网覆盖城区常住人口50万以上城市比例仅为89%（表8-1）。

表8-1　淮河流域快速铁路网覆盖城区常住人口50万人以上城市情况（截至2020年11月）

覆盖城市	徐州市、连云港市、淮安市、扬州市、泰州市、宿迁市、蚌埠市、淮南市、宿州市、六安市、滁州市、亳州市、阜阳市、枣庄市、济宁市、临沂市、平顶山市、漯河市、周口市、驻马店市、商丘市、南阳市、信阳市、随州市、孝感市
未覆盖城市	盐城市、济宁市、菏泽市

注：表格根据中国铁路网数据搜集整理

提升交通运输服务质量与服务效率，增强综合服务能力，是新时代建设淮河生态经济带综合交通运输体系的迫切需要。淮河流域交通服务既需要遵循客观规律、强化顶层设计，统筹发挥好铁路运输运能大、速度快、能耗低，公路运输机动灵活、周转快捷、可达性好，水路运输运能大、投资少、成本低，航空运输速度快、舒适性好、效率较高等技术特点和比较优势，推动不同的运输方式由"自我发展"向"竞合发展"转变，也需要深化改革创新、激发市场活力、释放服务潜能、拓展发展空间，让交通基础设施建设成果更广泛、更公平、更有效地惠及社会民众，更具备满足人们生活与生产对交通的个性化、经济舒适、便捷安全等多样化需求，积极推动交通服务加快由"被动适应"向"主动引领"转变，具体可分为提升现代物流服务效率和提高居民出行服务质量两方面。

第二节　提高物流运输服务效率

一、提升现代物流运输服务效率的必要性

随着经济快速发展，社会生产规模化、一体化趋势日益显著，物流服务水平在社会生产和社会消费中的地位越来越重要，现代物流作为国民经济中的一种新兴服务，具有推动产业结构调整和促进经济调整的作用，在东中部地区，物流周转能力与产业结构存在较强的耦合关系，降低物流运输成本，促进物流运输效率的提升，能够优化产业结构。现代物流运输业具备聚集整合、优化配置、催化辐射等功能，有利于改善区域经济的资源供给结构，促使各资源要素在时间、空间上实现优化配置，以发展规模经济、提升竞争力，推动区域经济一体化的发展进程。

淮河流域位于长江流域和黄河流域之间，地域广袤、资源丰富、人口众多，是中国重要的粮食产区、商品粮生产基地和能源供给基地。2000年以来，淮河流域经济快速发展，经济总量不断提升，经济增长速度稳步提升，但与长三角、珠三角和环渤海地区相比，淮河流域经济发展较为落后，长期以来，淮河流域一直是苏、豫、皖三省的经济发展洼地，区域内经济发展缓慢。除了历史、自然等原因，另一个原因在于淮河流域处在苏、豫、皖三省的边缘地区，长期缺乏统筹规划，地区、部门各行其是，防洪、灌溉与航运之间，农业、工业与交通之间都缺乏统筹考虑，得天独厚的资源禀赋和区位优势未得到充分发挥，沿淮省份产业发展与交通运输自成体系，部门和行政区划人为割裂了淮河上、中、下游之间的经济联系，导致淮河流域经济一体化发展难以实现。

区域经济一体化是经济圈内各经济体发展到一定程度的客观要求，符合各经济体的共同利益。以区域经济一体化发展为纽带的城市群或城市经济圈的崛起，无论从国外的美国东海岸地区、日本东海地区、欧盟，还是国内东部的珠三角、长三角、环渤海和山东半岛，中部的长江中游、中原和长株潭等地区来看，区域经济一体化参与竞争已经成为必然。淮河流域要实现从发

展"洼地"向发展"高地"的转变，也必然要迎合时代潮流，遵循当今世界发展的主要方向，发展现代物流，提升物流服务效率，推动区域经济一体化发展。

历史上黄河夺淮入海，造成淮河通航条件差，加上淮河流域经济欠发达，对内河航运需求较弱，淮河航运功能未得到充分开发。然而，进入21世纪以来，随着国家经济实力增强，对淮河流域投入和治理的力度加大，日益发展的社会经济及淮河流域人民强烈的求发展愿望，为淮河生态经济带实施"大交通"战略、建设现代综合交通运输体系、发展现代高效物流体系提供了可能。按照淮河流域经济一体化发展对一般性货物运输、大宗货物运输、集装箱运输和物流服务水平的要求，要大力发展现代物流技术，提升现代物流服务效率。

二、充分发挥各种交通运输方式优势

以公路、铁路、水运、空运、管道等交通运输基础设施的衔接为基础，发挥不同运输方式优势和不同基础设施功能（表8-2）。综合交通运输体系本身就包含着公路、铁路、水运、空运、管道等多种运输方式，这些运输方式共同保障社会总体交通运输。但是，并非建成这些交通运输方式就能保证货物运输效率提高，若是运输方式之间存在恶性竞争关系，或者发展不同步、结构不优化，交通运输方式之间无法衔接，各种交通运输方式优势未得到发挥，对于物流效率提升作用不大。因此，要充分理解不同运输方式的优劣势，因地制宜、按照运输货物种类、运输距离等要素分类施策，发挥各类运输方式之间的优势，规避劣势，打造流域内交通运输方式最优组合，降低物流成本，提高货物运输效率。

交通运输方式间适当的替代性和互补性能够极大地提高货物运输效率，合理建设综合交通运输枢纽，完善各种交通运输方式之间的无缝对接，完善各类运输方式基础设施，给予货物运输需求方充分选择，能够结合运输实际情况选择组合式运输方式，从整体上降低运输成本，提高运输效率。

表 8-2 不同交通运输方式优劣势比较

运输方式	优势	劣势
铁路	运速快，运输能力大；受自然条件约束性小，连续性强；运输成本低，能耗低	投资大，建设周期长
公路	机动灵活；货物损耗率低；运速快；投资少	运输能力小；能耗高；运输成本高
水运	运输能力大，运用广泛；投资小，运输成本低；平均运距长	受自然条件影响较大；运速慢
航空	速度快，时间短；机动性强	能耗大、运输能力小；成本很高；技术复杂
管道	运输量大、占地面积小；能耗小，无污染；安全可靠，损耗少	专用性强；机动灵活

注：根据孙妮（2014）论文《基于碳排放的交通运输方式优化研究》整理。

> **专栏 1** 综合交通运输模式案例
>
> 以江苏省交通为研究对象，通过计算各种运输方式的外部广义费用，结合江苏省交通运输的实际情况，提出优先发展公路运输、铁路运输和公路、铁路运输兼顾发展的三种运输模式。根据外部广义费用计算结果，分析比较三种运输模式的优劣势，结果显示：江苏省未来的综合运输发展模式，应该考虑建立公、铁、水相协调，综合发展的运输模式，在现有以公路为主的运输模式下，适当加大铁路和水运的分担比例，降低大规模公路运输对整个社会环境所带来的负面影响。
>
> 长江生态经济带致力于打造综合立体交通走廊，充分发挥各种交通运输方式的优势。其模式为各种交通方式共存，服务于客流与货流及信息流。各运输方式间存在替代性和互补性，在发挥技术经济属性而承担各自主要职能时，相互补充和喂给甚至形成竞争，同时与纵向通道或线路形成集散中转，"纵向交会喂给中转与横向平行分流并存"，形成"分流"与"喂给"机制共存，凸现交通走廊的互补性。

三、构建三级物流基地体系

物流基地是地区物流集聚、运输、仓储、加工、信息服务等业务融合发展的场所。物流基地体系以实现主要节点城市物流基地之间送达时间可控为目标，以融入实体经济供应链为方向，以多式联运无缝衔接为手段，旨在充分发挥衔接地方发展规划与产业布局，形成满足经济发展需求的现代化物流网络。构建区域物流园区、城市物流中心和农村物流站点的三级物流基地体系是提升物流运输效率的关键之举。

海尔集团，自1999年开始进行业务流程再造，尝试实施供应链管理，以订单信息流为中心，带动物流、资金流运动。海尔集团实施全球采购配置资源，采用电子信息技术处理交换数据，再加上全球配送资源网络的建立，增强了海尔在国内外市场的竞争能力。目前，海尔集团每个月平均接到6000多个销售订单，订单品种达7000多个，需要采购的物料品种达15万余种。海尔通过物流整合，减少库存资金67%。海尔物流基地的诞生，不仅是企业自身提升竞争力的需要，而且把我国物流业推向新的发展层面。

现今，我国越来越多的大型企业意识到物流基地建设的重要性，如苏宁在武汉建设华中地区面积最大、设计配送能力最强的物流基地，面积5万~6万 m^2，辐射半径可达150~300km；成润港骅粮食物流集团投资2.8亿元建起了成润港骅120万t粮食现代物流基地。黄骅港物流基地建成后，通过港口平台，以海陆运输方式可直接将粮食运往上海等城市。

浙江物产集团的杭州物流基地，集团从物流上游采购不锈钢卷后，并不直接将材料输送到下游，而是根据客户需求设立裁剪相应钢卷的剪切流水线，然后再将加工过的钢卷输送到物流终端的客户，获取更高利润。用此方法，物产集团让产品在物流运输过程中得到了增值。

在三级物流基地体系中，区域物流园区起骨干作用。区域物流园区作为流域内区域之间货物运输的重要中转站，能够有效地整合物流及其相关产业的各项资源，对于促进跨区域物流低成本、高效率的运行具有重要价值。区域物流园区可以依托各地区的制造业、商贸业和交通网络，在空、铁、水、路、管运输货物集散地提供配套的仓储、装卸、配送、运输等服务，必要时可以提供诸如设备租赁、物品加工等服务。城市物流中心有重要支撑作用。城市物流中心能够在一个城市内，整合城乡之间的配送资源，形成统仓统配的枢纽支撑，提供区域物流园区运输货物的临时站点，规模化形成的物流节点对于降低物流成本、提高配送效率具有重要意义。在城市内合理布局建设物流中心，标准化建设仓储设施，构建完善的城乡配送网络体系。农村物流站点则起着重要补充作用。农村物流站点作为物流运输的"最后一公里"，对于物流运输体系具有重要的补充作用，通过搭建城乡配送公共服务平台，积极推进县、乡、村消费品和农资配送网络体系建设，进一步发挥邮政及供销合作社的网络和服务优势，加强农村邮政网点、村邮站、"三农"服务站等邮政终端设施建设，促进农村地区商品的双向流通。真正实现运输的便捷高效与普惠均等。

四、提升淮河航运服务水平

结合流域综合交通运输现状，有针对性地提升各种货物运输与物流服务水平。淮河流域水系密布，具备发展航运的潜力，完善淮河内河航运、河海联运及港口集疏运服务体系建设与服务水平，配合淮河黄金水道打造，让航道服务更经济、更便捷、更高效、更绿色、更安全，全面保证货物水运运输效率的提升。

随着"交通强国"建设步伐的加快，社会对航道的服务需求不断增长升级，培育中国第三条黄金水道——淮河黄金水道是必然之举，按照"通江达海、干支联网、港航配套"的要求，构建畅通高效、安全绿色的航道体系，是打造淮河流域黄金水道的基石。为此，要加快淮河航道系统化治理，积极推动建立干支联动工作机制，推动干支流发展规划衔接、标准衔接、技术衔接、管理衔接、服务衔接，加快干线与支流航道联程、联运、联网，促进干支、通江达海运输，促进干线与支流航道的协同发展。推进航道区段标准统一，按照航道不同等级确定通航标准，提升航道通过能力，并同步推进航道养护运行体系创新，建立适应各等级航道维护需要的标准规范，提高航道养护运行质量，把淮河干线航道及各支线航道维护好、管理好，保证航道畅通安全高效运行。一方面，要保证航道能够安全运行，围绕牢固树立底线意识，筑牢安全发展"底板"，要推动淮河航道生产技术标准化、职业防护常态化、责任落实实效化、监管问责规范化，持续实现航道通航运行安全、航道养护生产安全、航道信息网络安全，从而构建起快速响应、处置有力的安全保障体系。另一方面，要保障航道能够畅通高效运行，应引入智慧引领、充满活力的创新驱动体系。突破航道生态治理、精细养护、智能服务等关键核心技术，形成具有自主知识产权和国际先进水平的科技成果体系。引导高等院校、科研院所、高新企业参与航道科技攻关，推动多方融合，形成产学研用紧密结合、开放共享协作的科技成果转化应用与技术服务体系。贯彻落实生态优先、绿色发展理念，建设生态航道示范工程，实现航道绿色低碳养护，促进航道与河流生态和谐发展。

打造安全高效航道对于提升货物水运服务效率具有重要作用，与此同时，完善港口物流服务在提升水运效率过程中也扮演着重要角色。纵观世界港口物流发展历程，发现港口的物流服务作用逐渐凸显，要打造高效便捷的港口物流服务，须以集装箱发展为突破口，打造公水、河海等多式联运体系，完善港口集疏运体系建设，构建智慧港口信息系统，以整合、协同、共享、创新为基本原则，加快整合港口各类信息系统，强化港口与物流信息平台的数据融合，提升港口综合服务效率。

专栏3	世界港口功能定位发展历程

世界港口物流的发展大体经历了三代：第一代港口功能被定位为纯粹的"运输中心"，主要提供船舶停靠，海运货物的装卸、转运和仓储等；第二代港口功能定位为"运输中心＋服务中心"，除了提供货物的装卸仓储等，还增加了工业和商业活动，使港口具有了货物的增值功能；第三代港口功能定位为"国际物流中心"，除了作为海运的必经通道在国际贸易中继续保持有形商品的强大集散功能并进一步提高有形商品的集散效率之外，还具有集有形商品、技术、资本、信息的集散于一体的物流功能。

世界主要港口中第二代港口仍是发展的主流，但随着经济全球化、市场国际化和信息网络化，一些大型港口已经开始向第三代港口转型。

在港口物流发展过程中，港口物流发展轨迹是一个由成本理念到利润理念再到综合物流服务理念的过程。成本理念追求的是降低物流总成本，利润理念追求的是获取最大利润，而综合物流服务理念则除追求商品自然流通的效率和费用外，还要强化客户服务意识，切实转换经营和管理方式，按现代物流的要求进行整合，以客户为中心进行管理和控制，提供完善的物流服务。

第三节　提高公众出行服务质量

一、公众对于出行服务质量有较大需求

世界各国的生活水平都经历了从生存型、温饱型向发展型、享受型的转变，在此过程中，食品、衣服等必需品消费比例逐步降低，而交通通信、文化娱乐等消费支出比例增长较快。另外，伴随着城镇化进程的不断推进，城市在经济、社会、生活等物质文明和精神文明方面，具有提高发展质量的必然要求，公众对于城市交通的需求也发生了总量性变化和结构性变化，城市交通要适应出行需求升级的客观趋势，从满足基本出行向提供快捷、高品质的交通服务转变。在这一过程中，交通需求变化具体表现在以下三个方面：

一是人的基本出行需求提升。基本出行包括基本通行出行和生活休闲出行，将通勤时间控制在合理的限度是保证生活质量的重要体现，人的平均通勤时间存在一个合理的限度，超过这个限度，人的时间支配自由度会大大降低，生活质量将受到影响，生活休闲出行的便利性关系到居民的生活质量。每个人一天内用于出行的总时间预算有限，因此在通勤时耗不断增长的情况下，生活出行时耗应该在满足基本需要的前提下越短越好。二是公众的需求层次不断升级。在交通基础设施和服务相对短缺的年代，人们利用城市提供的有限的交通资源来满足通勤、购物等基本生活需要。自20世纪90年代开始，

淮河流域综合交通运输服务体系发展

特别是进入 21 世纪以来，伴随着生活水平从温饱向小康迈进，人民群众的出行需求层次不断升级，既需要保证基本的通勤和生活休闲，也需要舒适性、安全性、个性化、可达性和体验性等交通服务。三是不同群体交通需求有多元化态势。既要满足不同收入群体公众的交通需求，同时不能忽视老幼病残孕等群体的交通需求，交通发展到今天，需要考虑这些多元化需求，创造交通的公平环境。

专栏 1　　　　通勤时间与生活幸福感的关系

　　国内外研究表明，无论交通系统变得如何四通八达，平均通勤时间依然基本稳定在 1 h 左右，这就是马尔凯蒂定律（Marchetti's Constant）。基于 2011—2017 年北京市地铁刷卡数据的研究发现了"45 min 定律"，即 45 min 的地铁内通勤时间（进站点到出站点的时间）是北京居民可忍受通勤时间的最大值。

　　在国家宏观战略及地区发展战略规划下，淮河流域人均 GDP 水平稳步增长，以淮河流域三个核心城市淮安、蚌埠、信阳为代表，人均 GDP 增长率均保持在 5% 以上，部分年份甚至达到 10% 以上（图 8-1），区域快速发展，加剧了要素资源在地区之间的流动，同时推动了流域经济一体化进展，经济一体化发展对于公众出行服务又提出了新的要求，譬如经济一体化发展下，可能会造成流域内部分群体工作地与生活地分开、常住地与户籍地分开等现象，在这种背景下，人们对流域内客运交通服务建设提出了严格要求。另外，居民生活水平逐年提升，生活水平的提升直接带来消费结构的变化，在满足基本的出行需求的同时，人们将产生更多样化的交通需求，比如远距离旅游、城乡旅游等对交通都有不同的需求，对交通的便捷性及舒适性要求都在不断攀升。营造安全、舒适、便捷、人性化的交通出行环境，保障满足居民出行需求，亟须打造流域内客运服务体系，提高沿淮流域客运系统效率。

图 8-1　淮河流域核心城市人均 GDP 增长率

　　当前，沿淮河区域东西向之间缺乏交通联系，无论是铁路运输还是公路运输，都没有直接连通淮河上中下游，给沿淮居民出行带来了极大不便，因此，要加强跨沿淮河地区、城市之间东西方向的旅客运输服务通道建设。规划建设新陇海铁路和沿淮高速公路，提高沿淮铁路和公路的运输服务质量。另外，在沿淮城市内部，城市与乡村之间公路运输服务体系不健全，城市与乡村之间客运不便利，尤其是县城与乡村之间，客运巴士班次较少，因此，要不断提升城际客运、城市公交、镇村公交发展水平，构建以城市大型综合客运枢纽、县城换乘中心，镇村公交站点构成的三级城乡客运换乘体系，逐步实现城乡客运一体化。

二、提高淮河流域铁路客运服务质量

　　在铁路客运服务质量上，一要以旅客旅行要求为中心，开行多种形式的品牌列车，提高旅客列车的舒适度。开行品牌列车，提高铁路客运市场竞争力是铁路目前提高铁路客运服务的切入点。品牌列车多样化是以满足不同旅行目的和职业的旅客而设计的、如夕发朝至列车、假日旅游列车、快速列车、城际列车等。所开设的品牌列车相对于普通列车而言应有所区别，在旅客数量上要进行严格控制，全程对号不允许超员，绝对保证出行旅客旅行的舒适度；二要分阶段推进铁路客运服务质量，旅客对高速铁路客运服务质量的感知具有递进性，因而可以采用分阶段、逐步推进的方式来完成卓越客运服务质量的建设。客运服务质量可细分为三个层次和维度，即结果质量、环境质量和互动质量。旅客对结果质量要素的感知主要表现为一级维度可靠及相应的二级维度；对环境质量要素的感知主要表现为一级维度舒适和便利及相应的二级维度；对互动质量要素的感知主要表现为一级维度规范和增值及相应的二级维度（图8-2）。

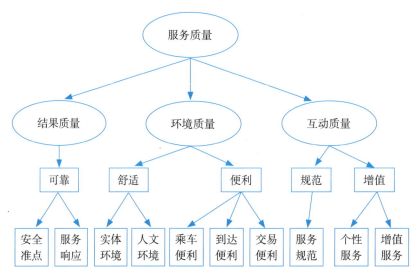

图8-2　铁路客运服务质量维度模型

专栏2　京沪高速铁路客运服务建设与管理经验

　　高速铁路客运服务质量管理可大致分为三个建设阶段，每个阶段均有主要的管理侧重点。第一阶段侧重于从结果质量方面提升旅客的感知服务质量，以保障安全运营为目标，设计客运产品，优化资源配置，满足旅客的出行需求。第二阶段侧重于从环境质量方面提升旅客的感知服务质量，以优化旅客体验为目标，结合旅客出行需求，改善乘车环境、优化走形流线，提升旅客乘坐高速铁路出行的便利性，提高站车服务人员的服务质量、服务形象等，为旅客提供满意的服务。第三阶段侧重于从互动质量方面提升旅客的感知服务质量，以建立旅客忠诚为目标，注重创建服务标准、创新差异化、个性化服务，提供更多的增值服务，提升旅客服务满意度、建立服务忠诚度。

三、提高淮河流域公路客运服务质量

在公路客运服务质量上，随着城镇化的快速发展和区域一体化程度进一步提高，居民出行频率和出行总量大幅增长，小汽车普及、旅游消费升级，将进一步推动个性化出行需求快速增长，提供优质的公路客运服务质量是构建综合交通运输体系的一个重要方面。改善公路客运服务质量不仅需要保证公共运输的经济性、安全性、服务型、快捷性、舒适性、方便性，同时需要为私家车出行营造良好的环境，升级改善道路基础设施，提供实时精准信息。

参考付巧峰对于公路客运服务质量指标体系的构建，整理出公路客运公共运输服务质量体系（表8-3）。要保证这个体系的建立与实施，结合当前互联网在交通领域的渗透，可以采取诸多措施，诸如加快客票系统升级改造，引入手机App和互联网售票系统；在车站广场、候车大厅、售票厅、旅客通道，进出站口等区域建立电子引导系统，为旅客提供方便快捷服务；引入自动检票系统，节省旅客时间；升级改造服务点、候车厅等相关基础设施；多渠道征集旅客意见，协同打造沿淮公路客运品牌。

表 8-3　　　　　　　　　　公路客运公共运输服务质量体系

	一级	二级
公路客运服务质量水平	安全	旅客人身安全
		随身物品安全
	经济	车票价格合理
		小件物品寄存费合理
		站内商品价格合理
	服务	工作人员服务态度
		客运信息查询服务
		客车正班、正点
	便捷	购票方便
		运送速度快
		换乘方便
		进出站方便

续表

	一级	二级
公路客运 服务质量 水平	舒适	乘坐舒适
		行驶平顺
		候车室环境卫生状况

专栏3　　信息化在公路客运体系中的运用

　　积极推进智慧高速公路建设，探索利用多元智能感知、交通信息快速响应、智能仿真、智能交通管理控制等现代技术。加强信息基础设施统筹布局与集约化建设，提升信息基础设施监测能力与承载能力。整合行业数据，强化大数据应用，提升科学决策水平。聚焦公众出行需求，推动服务性数据资源向社会开放，鼓励以市场为主体创新服务模式，不断升级和变革运营服务，让人民群众有更多的获得感。不断完善部门、行业间互联互通的应急救援指挥网络，建立协同高效联动机制，提高应急救援处置能力。

　　私家车出行作为公路客运的重要组成部分，不仅能够满足人们个性化、多样化出行需求，也能够实施出发地与目的地无缝对接，满足公共交通距离上的"最后一公里"。为私家车营造良好的出行环境同样十分有必要。可从道路、收费站点服务、信息服务等方面进行改善，设立淮河流域公路管理机构，负责道路养护、收费标准详细规范、服务区服务标准等相关事宜的管理。积极引入互联网要素，提供准确充分的出行信息，为旅客出行规划护航。

　　在提升不同交通运输方式的客运服务质量的同时，也要注意不同运输方式之间的"无缝衔接"，实现零距离换乘。完善客运换乘体系，优化客运线路，提高换乘点服务效率，便于乘客出行。

参考文献

［1］赵光辉．中国交通运输 70 年回顾：经济与民生均衡发展［J］．供应链管理，2020（1）．

［2］马相东．加快建设现代综合运输体系［N］．学习时报，2020（9）．

［3］孙久文，易淑昶．推动淮河生态经济带高质量发展的途径研究［J］．财贸研究，2020（31）．

［4］尹建设．淮河生态经济带绿色发展对策研究［J］．安徽广播电视大学学报，2019（1）．

［5］马同金．构建综合立体交通体系思考［J］．交通企业管理，2020（2）．

［6］张文尝．运输通道系统分析［J］．交通运输系统工程与信息，2001（1）．

［7］李名良．打造高质量综合运输大通道［N］．社会科学报，2021（2）．

［8］黄华平．铁路与淮河流域人口流动的地理空间分布（1897—1937）［J］．阜阳师范学院学报（社会科学版），2018（2）．

［9］朱正业，杨立红．民国时期铁路对淮河流域经济的驱动（1912—1937）［J］．福建论坛（人文社会科学版），2010（10）．

［10］席荣，沈保根．淮河入江、入海通道研究［J］．中国水运，2015（12）．

［11］杨邦杰，等．淮河流域发展及淮河入海水道航运规划建设［J］．中国发展，2015 年（15）．

［12］王凯．淮河内河航运发展探讨［J］．世界海运，2010 年（10）．

［13］聂家林，等．淮安建设淮河生态经济带航空货运枢纽的实施路径［J］．物流科技，2018（11）．

［14］克拉维约．克拉维约东使记［M］．北京：商务印书馆，1957．

［15］胥耀方，等.现代综合运输系统［M］.北京：人民交通出版社，2016.

［16］吴飞，李志特.新时期中国内河航运发展问题分析［J］.珠江水运，2020（15）.

［17］赵履新.内河航运发展优势浅谈［J］.江苏交通，1999（9）.

［18］苏弘扬.基于内河航运与区域经济的相关性分析［J］.现代经济信息，2019（11）.

［19］刘儿七.国内外内河航运发展现状和趋势［J］.港口科技，2019（5）.

［20］李朝敏.内河航运物流可持续发展模式、运行机制及相关政策探讨——以浙江为例［J］.物流科技，2016（9）.

［21］王守勤，黄云光.淮河水系内河航运高等级航道建设前景展望［J］.治淮，2013（8）.

［22］梅云新.中国管道运输的发展与建设［J］.交通运输系统工程与信息，2005（5）.

［23］张穹，李春志.卤水输送管道的环保与安全［J］.安全、健康和环境，2009（9）.

［24］张海龙.中国新能源发展研究［D］.吉林大学2014.

［25］杨志波，等.国外新能源发展经验［J］.社会观察，2010（6）.

［26］石定环.我国新能源的发展历程及现状［J］.中国制造业信息化，2008（16）.

［27］张亮亮，等.淮河生态经济带氢能运输走廊发展SWOT分析［J］.中国工程科学，2015（3）.

［28］周怀宇.论隋唐开发淮河流域交通的国策［J］.安徽大学学报，1999（5）.

［29］颜培丽.物流产业发展对经济增长带动作用的实证研究［J］.中国商论，2018（20）.

［30］蒙玉琴.区域物流周转能力与产业结构优化的耦合度分析［J］.商业经济研究，2019（18）.

［31］孙俊杰.物流运输业对区域经济一体化的影响［J］.商场现代化，2018（6）.

图书在版编目（CIP）数据

淮河生态经济带现代综合交通运输体系建设研究 / 何雄，胡锦锈编著．
—武汉 ： 长江出版社，2022.5
（淮河生态经济带发展研究丛书）
ISBN 978-7-5492-8322-4

Ⅰ．①淮… Ⅱ．①何… ②胡… Ⅲ．①淮河 – 流域 – 生态经济 –
综合运输 – 交通运输系统 – 建设 – 研究 Ⅳ．① F512.3

中国版本图书馆 CIP 数据核字 (2022) 第 080226 号

淮河生态经济带现代综合交通运输体系建设研究
HUAIHESHENGTAIJINGJIDAIXIANDAIZONGHEJIAOTONGYUNSHUTIXIJIANSHEYANJIU
何雄 胡锦锈 编著

出版策划：赵冕 张琼
责任编辑：吴曙霞 杨芷萱
装帧设计：汪雪
出版发行：长江出版社
地　　址：武汉市江岸区解放大道 1863 号
邮　　编：430010
网　　址：http://www.cjpress.com.cn
电　　话：027-82926557（总编室）
　　　　　027-82926806（市场营销部）
经　　销：各地新华书店
印　　刷：武汉新鸿业印务有限公司
规　　格：787mm×1092mm
开　　本：16
印　　张：12.75
彩　　页：4
字　　数：270 千字
版　　次：2022 年 5 月第 1 版
印　　次：2023 年 8 月第 1 次
书　　号：ISBN 978-7-5492-8322-4
定　　价：98.00 元

［32］蔡安宁.淮河生态经济带建设构想［J］.江苏师范大学学报（自然科学版），2015（3）.

［33］胡军红，李晶.各种运输方式协调发展模式探讨［J］.重庆交通大学学报（自然科学版），2009（2）.

［34］汪光焘，等.新时期城市交通需求演变与展望［J］.城市交通，2020（4）.

［35］邵长虹.高速铁路客运服务质量维度探析［J］.铁道运输与经济，2018（10）.

［36］付巧峰.公路客运服务质量综合评价［J］.长安大学学报（自然科学版），2008（4）.